子どものこころのセーフティネット

―二つの自尊感情と共有体験―

山陽学園大学 教授
近藤 卓

少年写真新聞社

はじめに　～世界の子どもと日本の子ども～

〝先生…、つらいんです…〟

そんな風につぶやく子どもたちと、保健室で日夜かかわり、向き合っていらっしゃると思います。もちろん、子どもはつらいのですから、そのつらい思いを抱えている子どもと向き合うことは必要なことだと思います。まず、受け止めてあげることは大切なことです。

でも、私は知っています。実は先生たちは、ずうっと子どもと向き合っているわけではありません。そうでなければ、なぜ子どもたちは育っていけるのでしょうか。成長していけるのでしょうか。

先生が、保健室でずうっと子どもたちと向き合って、二人だけの世界を作っていたとしたら、閉じた世界を作っていたとしたら、子どもはその世界から旅立っていくことができません。しばらく、その世界にとどまって休むことは必要です。でも、ずうっととどまっていてはいけないのです。

保健室から巣立っていく子どもは、なぜ巣立っていけるのでしょう。それは、先生が子どもと向き合う関係から、次に子どもとともに子どもの抱えている問題をともに見つめる視点を持ってくださっているからです。子どもと先生が並んで、一緒に問題に向き合い、ともに感じ、考え、悩み、苦しみ、そして一緒に希望を見出す旅を続けてくださるからです。

〝つらいんです〟という訴えを真摯に受け止め、子どもと向き合うことがまず必要です。

でも次の段階には、二人でともにつらさを生み出している問題を見つめ、そしてやがて二人で並んで〝夕日がきれいだね〟といえる、そんな希望の時を迎えていただきたいと思っています。

◎子どもたちから学ぶ

10年近く前から、海外の子どもたちの現状や、教育現場の様子と研究の動向を知るために、世界のいくつかの国々を訪問してきました。フィンランド、カナダ、イギリス、アメリカ、台湾などがその主な国々です。もちろん、同時に日本各地の小・中学校や高等学校にもお邪魔して、児童・生徒とふれあい、先生方のお話を聞いてきました。

こうした私の経験を、本書を通して、できるだけ生の形でご紹介したいと思います。同時に、私自身の分析や考察も示しながら、読者の方々とともに、目の前の子どものために役立つ事柄を、世界各地の現状から学び取りたいと考えています。

◎情報を共有している世界の子ども

まず、２００７年11月初旬の台湾訪問のお話をしたいと思います。台北市で、低年齢化する薬物依存への対処を考えるための国際会議が開かれ、そこで講演をするとともに、現地の学校を視察してきました。詳しくは、後ほど紹介いたしますが、まずはその訪台中に遭遇した、一つの事件についてお話ししたいと思います。

ちょうど、台湾での滞在4日目のことでした。会議でお会いした国立台湾大学の教授から、昨日、中学生がビニール袋をかぶって自殺したという話を聞かされました。「どう考えたらよいのか？」と、意見を求められたのです。

伺ってみると、そうした事件は台湾では極めて珍しいことだというのです。即座に頭に浮かんだのは、その2週間ほど前に日本の高校生がビニール袋をかぶって死んだ事件でした。文化祭の準備中に、ヘリウムガスの入ったゴミ袋をかぶって死亡してしまったのです。台湾の事件の翌日には、フィンランドで高校生が銃を乱射して、生徒や先生を8人も殺すという事件が発生しました。ゆったりとした暮らしと教育で、世界一の教育成果をあげていると注目されている、フィンランドでの悲惨な事件です。

日本の高校生の事件と、台湾の中学生の自殺は無関係に思えませんし、アメリカでの度重なる銃による事件と、フィンランドの今回の事件にも、私には何らかのつながりがあるように感じられます。

◎金魚が死んだらどうする？

文化や風土の違いは、さまざまな点で、それぞれの国の子どもたちの生活の基盤を異なったものにしています。「金魚のお墓」※のエピソードが、その一つの例です。家で飼っていた金魚が死んだとき、多くの日本家庭では「お墓」を作って埋葬します。

この話をカナダでしたとき、聴衆は目を丸くして、口々に「金魚のお墓」などありえないと驚いていました。ではどうするのかと私が尋ねますと、死んだ金魚はトイレに流すの

※『死んだ金魚をトイレに流すな──「いのちの体験」の共有』
（近藤 卓著・集英社, 2009）

が普通だというのです。

私は逆に驚きました。日本では、そうしたやり方は極めてまれです。同じ話をフィンランドでしたところ、彼らは多くが土に埋めると言いました。

今回、台湾でも講演の場で聞いてみたところ、150人ほどの聴衆のうち、三分の一が墓に埋葬し、三分の一がただ土に埋め、残りはゴミとして捨てるかトイレに流すということでした。

「金魚のお墓」を一つとっても、これだけの違いがあります。その土地や国に根付いた、個別の異なった文化と伝統の中で、子どもたちは暮らしているのです。

◎引き裂かれる子ども

子どもたちを取り巻く環境は、二層構造になっているのかもしれません。表面の上層をなす「地域や国境さえ越えてメディアによって形成された共通性」と、裏に隠れた下層をなす「容易には崩壊しない、伝統と文化によって形作られた強固な個別性」がそれです。彼らの心と体は、こうした二層構造の元で引き裂かれそうになって、苦闘しているのかもしれないのです。

本書を通して、少しずつ彼らの苦しみを読み解き、みなさんと一緒に、その解決策を探っていきたいと思います。

目次

第1章

フィンランドの家庭と学校生活

◎学力世界一

経済協力開発機構（ＯＥＣＤ）が、３年ごとに行なっている世界の子どもたちの学力検査において、フィンランドの子どもたちは、２００７年12月発表の結果でも、また最上位の成績を収めました。今、フィンランドは多くの国々から注目を集めていますが、とりわけ日本の教育関係者が最も高い関心を向けている国の一つであると言っていいでしょう。ちなみに、日本の成績は、読解力で２０００年の８位から15位へ、同様に科学的リテラシーでは２位から６位へ、数学的リテラシーでは１位から10位へと下がったのでした。※

フィンランドの子どもたちは、日本の子どもたちと何が違うのでしょう。教育の方法やシステムが違うのでしょうか。家庭生活や社会が違うのでしょうか。

◎実際に見てみよう

フィンランドの子どもたちは、遊ぶ間を惜しんで目一杯勉強に時間を割いているので成績がよいのではないか、という見方もできます。事実、日本の教育行政の流れは教科の学習時間を増やす方向に動いています。ただ、私としては、むしろ逆ではないかと考えています。しっかりと遊んで、ゆったりとした時間の流れの中で自分を見つめ、生きることに

※ＰＩＳＡ2012においては状況が変わっており、日本は読解力で４位、科学的リテラシーで４位、数学的リテラシーで７位と健闘している。３項目で上位を占めているのは上海、香港、シンガポールである。

自信を持っているから、落ちついて勉強にも取り組めるのではないかと思うのです。

２００６年、２００７年と2年続けて、実際にフィンランドへ出かけ、子どもたちや学校の様子などを見てきました。訪問したのは、フィンランド中部の工業都市オウル市郊外の小学校と中学校です。オウル市といえば、毎夏開かれるエア・ギターの世界選手権で、今や日本でも知られるようになりました。

私の訪問した地域には、当時６つの小学校と2つの中学校がありました。小学校は、いずれも6学年90名程度でこぢんまりしています。中学校は２００名を少し超えるくらいの規模です。あたりは小さな湖と、うっそうとした森に囲まれています。訪問したのはいずれも3月ですから、昼間でもまだまだ氷点下の気温で、一面の銀世界です。

子どもたちは、実に自由に雪や氷と戯れ遊んでいます。小・中学校の教員は、大体3時には下校します。子どもたちも帰宅していますから、親子で遊んだり、歌を歌ったり、父親が本を読み聞かせしたりしています。家族で過ごす時間が、毎日たっぷりとあるのです。会社勤めの人たちは、概ね4時が退社時間とのことで、その時間になると町は車のラッシュが始まります。

◎ゆったりとした時間の流れ

２００６年3月、初めてのフィンランド訪問のために成田を飛び立ったその前日に、日

●小学校の先生とスノーモビルで遊ぶ筆者

本で「かもめ食堂」※という映画が封切られました。私たちはヘルシンキの町で、実在の「かもめ食堂」を探し当て、最初にそこを訪問した日本人の一人になりました。

フィンランドは、あの映画に描かれている通りの国だった、と言っても過言ではないでしょう。人々はゆったりと暮らし、自然は豊かで、そんな人々と自然に守られるように、子どもたちは自由にのびのびと暮らしているようでした。もちろん、すべてがうまくいっているわけではないでしょうし、問題が全くないわけではありません。

文化も歴史も環境も、そして５００万人対1億3千万と、人口規模も全く違う国に暮らす私たちが、同じようにやっていくことはできません。

しかしそこから、何かしら学ぶものはあると思うのです。

◎教師の力量の問題か

フィンランドの高い学力は、教師の力量に依存するものでしょうか。日本では、不適格な教師の存在が、諸悪の根源なのでしょうか。確かに、何事にも向き不向きということは

※かもめ食堂：群ようこの原作を映画化。監督は荻上直子で2006年に公開。ヘルシンキの食堂を舞台にスローライフ的な人間関係が描かれる。

あるでしょう。

私がまだ30代の頃、歌手になりたいと思って活動していた時期があります。自作自演の曲を携えて、ギターとハーモニカを持ち、定期的にライブハウスで演奏活動をしていました。でも、30分も歌っていると、声がかれて喉が痛くなり、ついには咳きこんでしまうのです。きっと、喉が弱いのでしょう。今では、寒い季節にはタートルネックのセーターが欠かせませんし、パジャマでさえタートルネックです。というわけで、私は歌うことを生業にするのは断念しました。

人とのコミュニケーションが苦痛だとか、子どもが好きになれない、あるいは教えることに喜びを見出せない。そもそも、自分自身が学び成長することを望まないなどの傾向がある場合、確かに教師には向いていないかもしれません。しかし、そうした傾向もなく、一所懸命努力しているならば、子どもの学力が伸びないことの責任を、教師や学校だけに負わせるべきではないと思うのです。家庭、地域、そして社会全体のあり方の結果として、子どもの学力差はあらわれるのですから…。

◎現地で尋ねると

フィンランドで小学校の先生方に、なぜＰＩＳＡ※で世界一になったのかを尋ねてみました。すると彼らは口をそろえて、次の二つをその要因としてあげました。

※ＰＩＳＡ：ＯＥＣＤ（経済協力開発機構）による国際的な生徒の学習到達度調査のこと。日本では「国際学習到達度調査」とも呼ばれる。

一つ目は、全国共通のカリキュラムの整備です。「ヘルシンキからラップランドまで」、つまり南端の大都市から北極圏まで、統一された教育の標準化が実現されていると言うのです。

そして二つ目は、教育についての教師のレベルの高さです。小学校教員は全員が修士号を取得していますし、中学校教員では博士号を持っている人もそれほど珍しくありません。しかも、修士号取得後1年間の教育実習がありますから、初任採用時には26、27歳になっています。しかし、一つ目のカリキュラムについて言えば、日本のほうがはるかに先進国です。カリキュラムの統一どころか、教科書の内容さえ検定によって標準化されているのですから。

しかしながら、教師の学識と教育実習について言えば、確かにフィンランドのほうが優れているように思います。特に教育実習については、かなり充実しているように見受けられます。

教員養成学部の附属学校では、指導教員が1年間つきっきりで指導します。

実際に、オウル大学附属中学校で、実習生によるいくつかの授業を参観しました。実習生が授業をし、指導教員は、克明な記録を取りながら授業を見ており、終了後スーパービジョンを

●訪問した小学校に勤務する先生宅の子ども部屋

します。こうした実習を実際に見ると、実習生は相当に鍛えられているなと感じました。ただ、その中学校の生徒の一人は、せっかく優秀な先生がいるのに、実習生の授業ばかりだと残念がっていました。

◎複式学級

カナダの小学校でもそういう形がありましたが、フィンランドの小学校でも、複式学級で授業が行なわれていました。複式学級といっても、私たちの思い浮かべる複式学級は、過疎化した地域などで、複数学年の児童が同じ教室で一人の先生から授業を受けるものです。しかも、違う学年の児童たちは、それぞれ違う学年の、異なった学習内容を学習します。

●校庭で遊ぶ子どもたち

フィンランドの複式学級では、すべての授業がそうというわけではありませんが、1・2年生、3・4年生、そして5・6年生が、同じ教室で同じ内容の勉強をしています。つまり、簡単に言えば、二度同じ内容の学習をすることになります。当然、1年生より2年生、3年生より4年生、5年生より6年生のほうが良くできます。その分、上の学年の子どもたちは、応用的な問題を解いたり、宿題の内容が少なくなったりするわけです。こうしたシステムを知らずに、カナダの小学校で、３・４年生のクラスを一日参観したことがあります。勉強のよくできる子がいるので「君はすごいね。どうしてそんなによくできるんだい？」と尋ねたところ、「だって、僕は去年も同じことやったもん」とあっけらかんと言うのです。

二度学習することで、成績の低い子が減ります。つまり、全体の底上げが実現し、その結果平均点が上がります。成績の良い子をさらに伸ばし、下位の子をそのままにしておいたのでは、二極分化が一層進むだけで平均点は上がりません。したがって、学力の国際比較でも、上位に食い込むことはできないでしょう。

この複式学級も、１学年がせいぜい12、13人から14、15人のクラスだから、実現できるのかもしれません。しかし、むやみに教える内容を増やすより、少ない内容でも、繰り返して学ぶことで、より確実に学力を身につけさせるのも、一考に値することかもしれないと思うのです。

そうしてこそ、学ぶ喜びや楽しみを子どもたちが実感でき、真の学力が身についていくのではないでしょうか。

●森に囲まれた雪原の小学校。児童数は約 90 名

カナダのライフ&デス・エデュケーション

◎教員対象のワークショップ

２００６年の秋、カナダのトロントで開かれた、ライフ&デス・エデュケーションのワークショップに参加しました。小・中学校の教員を対象としたワークショップということで、しかもデス・エデュケーションではなく、「ライフ&デス」というところに強く惹かれたのです。そもそもは、筆者自身会員となっている、アメリカの「デス・エデュケーション&カウンセリング学会」のホームページ※で、参加者募集のお知らせを見たことが参加のきっかけでした。

早速、メールで申し込みをしましたら、主催者からすぐに返信がありました。何度かやり取りをするうちに、いのちの教育の専門家として、せっかくだから日本の現状について話をしてほしいということになりました。思ってもみない展開でしたが、日本の死にまつわる習慣やいのちの教育の現状について、20分ほどのミニ・レクチャーをすることになりました。日本のいのちの教育に関しては、先に触れたアメリカの学会でも研究発表をしましたが、とても関心が強く、参加者からさまざまな質問が出ました。これはカナダのワークショップでも同様で、充実した時間を過ごせました。

※ホームページ・アドレス：http://www.adec.org/adec/

◎カナダでも事情は似ている

ワークショップは参加者20名ほどの、こぢんまりとしたアットホームなものでした。トロント郊外の、ある町の集会所を使って、毎水曜日の夕方から2時間、5週にわたって5回のセッションが行なわれました。

私自身は、第1回目のセッションに参加しました。写真をご覧いただくとお分かりになるかもしれませんが、会の規模に対して不釣合いなほど立派なバインダーが配布され、全体に予算が潤沢な感じを受けました。

このワークショップを主宰したのは、トロント大学の大学院で修士論文を執筆中の女性で、現在は教育委員会に所属していますが、本務は小学校の教員です。どうも予算の出所が気になったので、彼女に尋ねてみると、スポンサーは葬儀社だと言うのです。葬儀社が、なぜ教員のワークショップに資金を出すのかと気になり、翌日その葬儀社をたずねてみました。

●立派なバインダー

その葬儀社は、ワークショップ会場からほど近い住宅街にある、ちょっと洒落た個人住宅のような雰囲気でした。代々、地域の葬儀を引き受けてきたとのことで、個人住宅のような落ち着いた環境で葬儀を行ないたいと考えており、会社組織の大規模なところとは一線を画しているといいます。その経営者によれば、地域に密着して仕事をしていると、しばしば人の集まるところで、死に関わる質問を受けることがあるというのです。葬儀社の人間は「死に関する専門家」だと見られているのでそういうことが起こるが、学校の先生方に、死に関わる事柄を学んでもらうことが、地域社会における死へのタブーを少なくする近道と考えたそうです。

◎ワークショップの実際

筆者が参加したワークショップの第1回目は、導入に続いて、まずグループでの話し合いが行なわれました。グループは4名ずつに分かれ、「グループワークにとって必要なことは何か」について、自由に意見を出し合い、その中から重要なもの上位三つを選んで発表するのです。話し合いのツールには、ちょっとした工夫があり、議論が広がり深まります。

筆者は、これを発展させて「グループ・シェア・シート」と名づけ、大学の授業や教員の研修会などで活用しています（『いのちの教育の理論と実践』近藤卓著・金子書房、２００７）。これは、小学校で子どもたちの話し合いにも使いましたが、有効に活用できる感触を得ています。「死の定義」を話し合う場面では、日本でもよく知られた映画『パッチ・アダムス』※の一場面をビデオで提示して、「死とはなにか」についてグループで話し合いました。

この時は、グループでの話し合い結果をメモした紙を、部屋の四方の壁に貼り付けて、それぞれ自由に歩き回りながら、そのメモを囲んで意見を交換しました。

※パッチ・アダムス：1998年のアメリカ映画。ロビン・ウィリアムス主演。実在する精神科医、パッチ・アダムス（本名はハンター・アダムス）の半生を描く。

そして最後は、いよいよ筆者による「Death in Another Culture」と題したレクチャーです。まず関心を持ってもらうため、日本の葬儀や法事の概要を紹介し、その後いのちの教育の背景と目的、方法についてお話ししました。

いくつかのエピソードを交えて話しましたが、「金魚の墓」の話（4ページ参照）には、会場の空気が一瞬固まりました。飼っていた金魚の死にあたって、親子での埋葬作業を通じ、「体験の共有」と「感情の共有」を図ることは、いのちの教育の絶好のチャンスだと考えている、という意味の話をしたのです。

ところが、どうも会場の反応が変なのです。いろいろ話してみて、ようやく分かったのですが、金魚を埋葬すること自体が驚きだと言うのです。聞いてみると、カナダではその多くがトイレに流すそうです。日本では、ほとんどの家庭が金魚のお墓を作りますから、トイレに流すとは驚きました。

このこと一つをとっても、いのちの教育には、歴史や文化、宗教、そして伝統などが深く関わっていて、外国の理論や方法を翻訳して導入するだけでは駄目だということが分かります。学ぶべきところは学び、私たちの社会に適合した独自のいのちの教育を、工夫してつくり上げていかなければならないと思うのです。

●筆者によるレクチャー

再びフィンランドへ

◎三度目のフィンランド

２００８年の３月、３年連続で三度目となるフィンランドへ行きました。訪問したのは前回と同じく、首都ヘルシンキから飛行機で1時間ほどの、国のちょうど真ん中あたりに位置する港町、オウル市郊外の村です。三度目なので、ヘルシンキの空港での乗り換えも、勝手を知っているので迷うこともなく、今まで気づかなかった周りの様子が目に入ってきます。

今回の訪問で改めて気づいたのは、『森と湖の国』と呼ばれているだけあって、空港施設の内装など、建物のいたるところに木材が多用されていることでした。広い空港のコンコースの床全面が、ほとんど木材で仕上げられているのです。そんなわけで、引いているキャスター付きのスーツケースを転がす音も柔らかく、足裏に感じるその温かさに心が和みます。

改めて気づいたといえば、やはり小学校や中学校を訪問した時にも、これまで気づかなかったことが見えてきたように思います。帰国後、私にとって印象深かったことを、二つご紹介したいと思います。

◎複式学級と勤務体制

前回と同じく、複式学級の実態が気になり、少し詳しく何人かの先生方の意見を聞いてみました。

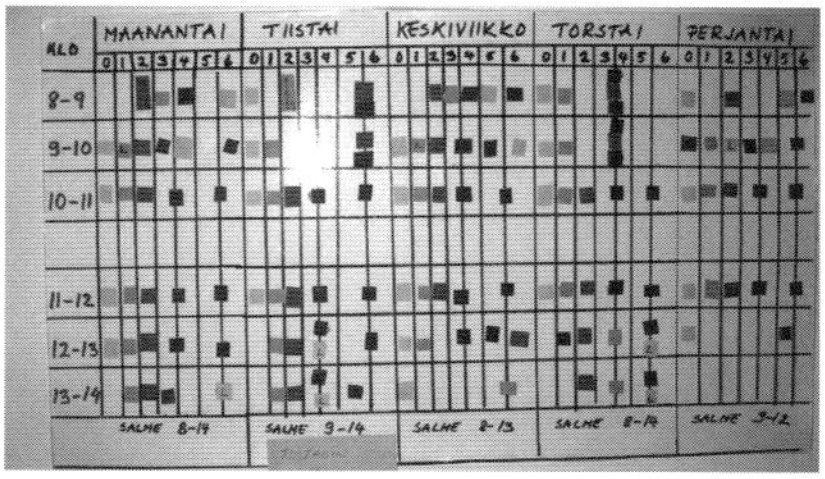

上の写真は、ある小学校の、校長を含む6名の専任教員の一週間の勤務表です。この小学校には、このほかに特別支援の補助教員が3名と、ボランティアが2名ほど勤務しています。教員ごとに、1時間目から授業がある曜日にはその時間に出勤しますが、3時間目からの日は10時頃出勤してきます。もちろん、自分の担当授業が終われば、さっさと帰宅してしまいます。本当に授業に専念して仕事をしているのですね。

もう一つ、この勤務表から読み取れるのは、複式授業の様子です。たとえば、3年生と4年生のクラスの境目に印の付いている部分は、その二学年での複式授業です。5・6年生での複式授業があるのも分かります。この学校では、算数と英語、そして国語の3科目以外で、複式授業を実施しているとのことです。なぜそうした形を取っているかというと、児童数も教員数も少ないので、合併したほうが効率的だというのが、その理由だそうです。

通常、都市部の大規模な小学校では、複式授業はしていないようです。1学年の人数が12、13名までの場合に限って複式にするとのことでした。英語の教員に聞いてみますと、複式はやりにくいと言っていました。進度や理解度の違う子どもたちが机を並べている形では、教えるのに手間が掛かるからということでした。

どうやら、すべての教員や学校が、複式学級を積極的に取り入れているわけではないようです。私としては、複式学級の利点は捨てがたいように感じているのですが…。

◎考え方を教える

今回、一番印象に残ったのは、「教師は答えを教えるのではなく、考え方を教えることが大切なのです」という、ある教員の言葉でした。

そう聞くと、当たり前のようにも聞こえますが、その実態を見て私は「エエッ！」と、声をあげるほど驚いてしまいました。校長先生が担当する、5年生の算数の授業でのことです。フィンランド語なので、内容は分かりませんでした（後から聞きました）が、先生はひとしきり考え方を説明しています。

その後、子どもたちたちは、教科書の練習問題に取り組み始めます。しばらくすると、下の写真のように、子どもたちはそれぞれ教卓のところへ行って、ノートに書いた答えをチェックするのです。

●答えをチェックする子どもたち

何を見て答えを確かめているのかと覗いて、驚きました。フィンランド語でしたが、その形式から見て、日本の教師が持っているものと同じ指導書だということが、すぐに分かりました。見開きの中央に、縮刷された教科書のページが載っていて、指導に役立つヒントや情報、あるいは問題の答えが周囲に書いてあるものです。私は、日本では考えられないことだと言いました。私自身、一時期は高校教師をしていましたが、指導書の存在を生徒に知られることを恐れていたと言っても過言ではありません。

ところが、彼らにそのことを話すと、逆に驚かれてしまいました。「答えを教えることは私たちの仕事ではない」と言うのです。指導書に正しい答えが書いてあるのだから、子どもたちが自分で直接それを見て確かめるのが一番間違いがないし、効率的だという理由です。そして、教師は「考え方を教えるのであって、答えを教えるのではない」と、居合わせた教師たちは、自信たっぷりに口を揃えて言うのです。

振り返れば、私は教えることに自信がなく、指導書を頼りにしながら、「私だけが答えを知っているのだ」ということを拠り所にして、授業をしていたような気がします。改めて、教師の仕事の意味を考えさせられた、フィンランドでのエピソードでした。

◎シナモンロールだけじゃない

この国では、いわばフレックス・タイムで出勤してくる先生たちが、なにかというと、シナモンロールとコーヒーで話に花を咲かせています。

私もそこに混ざって、一日に何度も美味しいお茶のご相伴にあずかるわけですが、今回はのんびり楽しんでばかりいるわけにはいきませんでした。先生方と、大切な約束をしてあったからです。それは、日本で実施した自尊感情の調査結果を、報告することです。この調査研究は、前勤務先の東海大学からいただいた研究費と、文科省の科学研究費によって実現したものです。それらの研究費で、フィンランド、カナダ、台湾などを訪問し、日本を含めた4カ国で、子どもたちの自尊感情を比較するという大規模な研究です。その研究結果については、カナダや台湾の様子を述べた後でご説明しますが、ここでは、その研究報告会でのエピソードなどをお伝えしたいと思います。

◎小学校での報告会

この調査にご協力いただいたのは、オウル市郊外の地区にある、近隣の中学校1校と小学校3校でした。ただ、その地区には他に一つ小学校がありますし、昨年秋には二つ目の中学校ができていました。そんなわけで、今回の報告会には2つの中学校と4つの小学校という、その地区の全学校の先生方が集まってくることになりました。

フィンランドに着いた日の翌日の午後、その報告会は予定されていました。予定の午後2時になると、会場となった小学校の教室に、三々五々、先生方が集まってきます。いくつかの学校からは、校長先生もおいでになりました。

教室の中央には、参会者が囲んで座って、スクリーンが見やすいように机が配置され、後ろのほうには例によって、紅茶、コーヒー、そして手作りのお菓子が、山のように置かれています。部屋に入ると、とりあえず飲み物と食べ物を口にしながら、皆さんが集まってくるのを待っています。

開始予定の時間を20分ほど過ぎて、皆さんがひととおり食べたり飲んだりした後、「始めましょうか」ということになりました。まず、私が20分ほどパワーポイントを使ってお話をして、その後30分ほどの質疑応答がありました。ここまでは、私自身も日本で数多く経験してきた報告会や研修会と同じでした。

●パワーポイントを使っての報告

質疑応答がひととおり終わると、司会役の先生が「それではお隣へ参りましょう」と、全体に呼びかけました。私も、皆さんと一緒にぞろぞろと隣の教室へ行ってみてびっくり。教室の真ん中にOHPが置かれ、楽譜がスクリーンに大きく映し出されています。ある校長先生は、ケースに入ったギター一本を手にし、一本を背中に背負い入ってくるなり、その一本を私に手渡します。他にも、4、5人の先生方が、それぞれギターを持っています。両手にマラカスを持った女性の校長先生や、ピアノの前に陣取る先生もいます。というわけで、それからの1時間ほどは、フィンランドの歌、世界中でヒットした懐かしのスタンダード・ナンバーやビートルズの曲などを、大声で歌いまくりました。

後で確認しますと、こうした地区の小・中学校全体での集まりを、年に3、4回はやっているそうです。こうした機会に、さまざまな情報交換や、各学校での課題点などについての議論をして、教育の質の向上を目指しているということでした。

◎大学の授業で

小学校での報告会の二日後には、以前から予定したとおり、オウル大学の歴史学科の授業で話をすることになりました。歴史学科の講師で、中学校の社会科教師でもある先生の「近代化と教育」という科目の第2回目の授業です。

日本の戦後史について触れるということで、日本の教育の現状と課題を扱うので、小学校での研究報告と同じ内容で構わないということでした。学部生と大学院生合わせて20名ほどの教室で、やはりパワーポイントで20分ほど説明し、その後30

●ギターを手に歌います

分ほどの議論を行ないました。そこはやはり、現役の学生諸君だけあって、研究方法や結果について、突っ込んだ質問が出てきました。

中でも、社会的自尊感情と基本的自尊感情について、ホワイトボードに図を描いて説明したところ、「とてもよく分かる」と、共感を示してくれたのが印象的でした。一人の大学院生は「基本的自尊感情は、つまり子どもたちの心のセーフティネットになっているのですね」と言葉にしてくださいました。確かに、機能からいえば基本的自尊感情は「心のセーフティネット」と言えるのかもしれないと、私も同意と感謝の意見を述べて、彼とは握手を交わし記念写真を撮って別れました。

多くのフィンランドの大学生が、日本の社会に強い関心を持っているそうで、事実その教室でも30％程度が日本語で挨拶ができて、数人は片言での会話もできるということでした。ただ、私が知っているフィンランド語は「こんにちは、ありがとう、さようなら」だけなので、ここでも英語が私たちをつないでくれたのでした。

再びカナダへ

◎トロントの小学校

カナダは2年ぶりになります。２００６年に訪問した際は、ライフ&デス・エデュケーションのワークショップへの参加が目的でしたが、その時知り合った先生方に、子どもたちの自尊感情の調査をお願いしてあったのです。

先ほど申し上げたように、私たちは、フィンランドや台湾、カナダ、そして日本も含めた子どもたちの自尊感情を調査し、その比較研究をしています。その調査結果を報告することが、この時のカナダ訪問の一つの目的でした。フィンランドで行なったように、今度はカナダの小学校で報告することになったのです。

訪問したのはトロント市の郊外にある小学校で、０年生から8年生までが在籍する少しユニークな公立学校です。０年生は、日本の学齢でいえば幼稚園の年長組で、８年生は中学校の２年生ということになります。

カナダでも、こうした小・中学校の一貫教育が、新しい試みとして行なわれていたのです。校長も副校長もとても若く元気いっぱいで、学校全体にもエネルギーが満ち溢れているように感じられました。昼休みに10数名の先生方が図書室に集まり、パワーポイントを用いた私の報告に耳を傾けてくださいました。ちょっとしたランチョン・セミナーの雰囲気で、サンドイッチなどを頬張りながらの報告会になりました。

先生方からは、熱心な質問や意見が出され、調査への関心の高さが窺われました。特に、日本の子どもの自尊感情が、年齢と共に下がる傾向にある点について、議論が集中しました。

◎モントリオールの学会へ

トロントには3日間滞在し、次はモントリオールです。飛行機で1時間程度の距離ですが、フランス語圏ということで、街の雰囲気はがらりと変わります。ヨーロッパ風の旧市街と近代的な繁華街があり、カフェに入っても、まず店員さんの口から出てくるのはフランス語の挨拶です。

●校長（向かって左側）と副校長

参加した学会は、ＡＤＥＣ（Association for Death Education and Counseling）という名称で、日本語にすれば「デス・エデュケーションとカウンセリング学会」ということになるでしょうか。日本からの参加者は、モントリオール在住の方も含めると5名でした。

初日は、夕方からのレセプションに参加し、二日目からいよいよ本番です。

私は共同発表の形で、日本の子どもの死の意識に関するレビューを報告しました。2年続けて、日本からの発表者は私たちだけでしたが、台湾や香港など、他のアジアの国からの参加者は少なくありません。北米中心の学会ではありますが、互いの経験や知見を深めるためにも、もっとアジアからの参加者が増えるとよいと思っています。今後、アジア地域でも、こうした学会を開催することを考えていく必要があるでしょう。

◎記憶に残る学会での出来事

さて、今回の学会では、いくつかの記憶に残るできごとがありました。

一つは、アルフォンス・デーケン先生※に、学会初日に思いがけずお会いできたことです。帰りの飛行機も合わせると、6日間毎日顔を合わせ、共に過ごさせていただきました。外国の学会へ出て行ったことで、お忙しいデーケン先生とこれほど長く、親しくお話することができたのは、今回の学会で一番の思い出となりました。

二つ目は「People of Color/Multicultural Committee」という会合に参加したことです。〝有色人種と多文化委員会〟とでも訳せばいいのでしょうか、黒人だけでなく、ネイティブ・アメリカンやアジアの国々からの学会参加者が、情報を交換する場としてこの会合が設けられています。私自身、非白人として初めてこの会に参加して、言葉にしにくい不思議な印象を持ちました。それでも、夜のレセプション時、私のギター伴奏でビートルズの

※アルフォンス・デーケン（Alfons Deeken 1932～）：ドイツ生まれ、1959年来日。上智大学名誉教授。「東京・生と死を考える会」会長。1991年全米死生学財団賞、第39回菊池寛賞、1998年ドイツ功労十字勲章、1999年東京都文化賞などを受賞。

歌や世界のスタンダード・ナンバーを大合唱してからは、急に距離が近くなったように感じられました。翌日以降、あちこちで「来年もやってくれ！」と声を掛けられました。

三つ目は、学会最終日にあった印象的な基調講演のことです。ヴェトナム人のキム・フック・ファン・ティさんによる「愛と希望と許しで戦争の傷を癒す」と題したお話でした。キムさんのことは、日本だけでなく、世界中の多くの人々が、ピュリツァー賞を受賞した、あの有名な写真で知っているはずです。１９７２年のヴェトナム戦争のさなか、ナパーム弾の爆撃でひどい火傷を負って衣服も剥ぎ取られた少女が、泣きながら両手を広げて逃げてくるあの写真です。当時９歳だった少女が、ヴェトナムで従軍していたかもしれない多くのアメリカ人のいる学会の壇上で、平和を語っているのです。

彼女はとても分かりやすい英語で、笑顔と時に悲しげな表情を浮かべながら、かみしめるように一言一言語りかける姿が印象的でした。キリスト教との出会いの中で、キムさんが到達した〝許し〟(Forgiveness) の境地—過酷な運命をたどった人が、すべてを許すということが、どうすれば可能になるのか…。それが、その時私に与えられた、今でも心に強く残っている大きな課題です。

台湾の生命教育

◎はじめての台湾

私は、かつてイギリスに留学していたこともあって、ヨーロッパや北米にはしばしば行く機会があるのですが、身近なアジアの国々にはなかなか行くチャンスがありませんでした。20年近く前に、国際学会で韓国のソウルへ行ったのと、娘の友だちに会いに家族でタイへ行ったくらいです。

２００７年11月に台湾を訪れた主な目的は、台湾政府主催の薬物乱用防止教育に関する国際会議に出席することでしたが、現地の学校訪問も組み込むように予定を立てました。私を招請してくださったのは、国立台北教育大学の黄教授で、生命教育や健康教育の分野で国際的に活躍している研究者です。日本健康教育学会にも、教え子の大学院生を多数引率して毎年参加し、さまざまな内容の研究発表をされています。

私の仕事の関係で、滞在は4泊5日の日程でしたが、黄教授の尽力で、連日にわたり会議や打ち合わせ等、さまざまなスケジュールが組まれ、少し疲れたものの、とても充実した訪台となりました。

◎薬物乱用防止教育

最初の二日間は、政府の行政院衛生署管制薬品管理局が主催する、国際薬物乱用防止会議がありました。シンガポール、タイ、マレーシア、ブルネイ、アメリカ、台湾、そして日本から研究者が集まり、講演やシンポジウムが行なわれました。

私自身は「日本の子どもの薬物乱用の実態とその予防」と題した講演を行ないました。日本の子どもや若者の薬物乱用は、様々な取り締まりや予防教育の成果は見られるものの、合成麻薬の乱用は増え続けています。そのあたりの現状を紹介し、対症療法的な手立てを施すと同時に、根本的な対処が必要で、中長期的な視点に立っての「いのちの教育」の必要性を訴えました。つまり、自分自身のいのちを大切に思い、そのように行動できる子どもを育てることの大切さを伝えたかったのです。

三日目には、国立台北教育大学主催・同大学生命教育研究所共催の、薬物防止・衛生教育・健康促進国際学術会議が開催されました。この会議の目的は、日本とアメリカでの健康教育の実践的な議論を行なうことでしたので、私は「いのちの教育の理論と実践～喫煙防止と自尊感情～」と題した講演を行ないました。会場では、いのちの教育の具体的な手法に関し、多くの質問が出ました。

私は、持参した綿棒と画鋲を使って、手首の脈動を目で見て確かめる方法などを実演しました。教育大学が主催し、会場もその大学だったからか、聴衆には教育関係者や教育学を学ぶ学生が多く、具体的な技法に関心が集まったように思います。

台湾では、数年前から高等学校で生命教育が選択科目として設定されています。その影響もあって、国立台北教育大学の大学院には、多くの現職教員が生命教育を学ぶために在籍しているようです。また、生命教育学会長を務める台湾大学の教授によれば、学会員の約半数は大学の研究者ですが、３割ほどは現職の高校教員だということでした。

◎小学校訪問

訪問したのは、台湾の北部の港町にある野柳国民小学という学校です。有名な観光地の、野柳風景区に隣接した小高い丘の中腹にあり、各学年1クラス、全校児童は１７６名です。マイクロバスで学校へ到着するやいなや、校庭に集合した児童たちが、伝統の獅子舞とお囃子で歓迎のセレモニーをしてくれました。

カナダの学校でもそうでしたが、この学校でも校長・教頭ともに、とてもお若い方であったのが印象的でした。校長は女性、教頭が男性で、どちらも30代後半でした。

他に約20名の教員と、20数名のボランティアで学校が運営されています。地域住民によるボランティアは、図書館や古民具展示室の運営、交通安全の活動、金曜日の1時間目に設定されている本の読み聞かせの時間、水曜日のリサイクル活動などに協力しているとのことです。

今回の私たちの学校訪問に際しても、その方々が英語と日本語でガイドをしてくださいました。授業は40分で休憩は10分間です。道徳の授業では教科書は使わず、副読本だけで授業が展開されます。また、健康に関する内容は日本と同様、体育と一体化して扱われて

●校長室の様子はどこからでも見えます

いるそうです。

印象に残ったのは、校長室が開放的だったことです。私たちが客として校長室で談笑しているのを、廊下に面した大きな窓から、子どもたちが覗きこんでいます。校長室の廊下側の窓が素通しのガラスなのは、この国では別に珍しくはないとのことでした。

もう一つ印象的だったのは、放課後になると児童が教室の掃除をしていたことです。日本の学校では普通ですが、フィンランドやカナダなど、欧米の学校ではほとんど見られない、その光景は新鮮でした。

もちろん、すべての子どもたちが一所懸命掃除に取り組んでいるというわけではなく、先生の目を盗んでふざけまわっている子もいました。それは、日本の学校でもよく見られる風景と同じものでした。

●掃除の時間、ふざけるのは万国共通？

始業、終業のチャイムが日本と同じ、あの「♪キンコンカンコーン…♪」だったことや、「国民小学」という呼び名など、いろいろな点で私たち日本人とのつながりを感じさせられました。

もっともっと互いに語り合い、分かり合うべき身近な存在であることを、改めて感じた5日間でした。

そして、日本の子どもたちは…

◎無差別殺傷事件が語っていること

これまで、フィンランド、カナダ、そして台湾と、三つの国をめぐってきました。そして、それぞれの国でのいのちの教育の現状や、子どもたち、先生たちのありのままの姿を紹介してきました。

ところが…私が海外でそんなことをしている間に、日本ではとんでもない事件が連続して起こっていました。２００８年に入ってからの約半年間で、無差別殺傷事件が８件もあったのです。警察庁の発表によれば、これは２００７年の同時期の倍の数にもなるそうです。

昨今のこうした状況から、私はどうしても、青少年による群発自殺を思い起こしてしまいます。芸能人などの、青少年に影響力のある人物が自殺することで、後追いをするように多数の自殺が連続する現象を「群発自殺」と言います。よく知られているのは、１９８６年に起こったアイドル歌手の自殺による群発自殺でしょう。そのことについては、メディアの影響が指摘されており、報道の仕方についての議論がなされました。

これらは、自殺と他殺という根本的なベクトルの違いはあるものの、人命にかかわる重大な事件であるという点、そしてそれらがメディアで大々的に報道される点に共通点があり、さらに現在は、インターネットという新たなメディアが付け加わっている点も忘れてはならないでしょう。

◎ゆがんだ形で肥大化する社会的自尊感情

〜これらの事件を引き起こしたのは、20〜30代のおとなで、子どもたちはそれほど危機的な状況ではない。しかも、子どもたちの凶悪事件は決して増えているわけではなく、むしろ戦後一貫して減り続けている。〜

これらの意見は、間違っていません。私もそうした事実は知っています。

これまでに起こった子どものかかわる事件については、私自身それほど深刻にとらえていませんでした。確かに、それらの事件は特異な例だと考えられますし、数も絶対的に少ないからです。しかし、今問題にしている「おとな」の引き起こした事件は、子どもの事件とは随分意味が違っています。

その一つの理由は、彼らが人を殺すことを目的としてはいないからです。死刑になること、自分を抹殺することを目的に、人を殺すことを手段としていると思われます。

そして二つ目には、事件後のメディアでの扱われ方を、強く意識しています。

例えば秋葉原の事件では、トラックで赤信号の交差点を横切って、人をはねましたが、ただ多数の人を殺すことが目的なら、なぜ歩行者天国の道路へ突入していかなかったのでしょう…。交差点を左折して上野の方向へ北上すれば、嫌というほどたくさんの人たちがいたのです。彼が、そうしなかったのは、より衝撃的な映像を、メディアを通じて見せつけたかったからではないでしょうか。だから、凶器を手にして、徒歩で走り回ったのではないかと私は思うのです。

…俺はすごいことをやったのだ。新聞もテレビも、メディアが一斉に自分の顔写真を大々的に取り上げている。自分は今や有名人だ。

今この国で、自分の存在を知らない人はいない。…

こんなふうに、ゆがんだ形で、しかも巨大な社会的自尊感情を、一気に膨らませることに成功したと、彼らは思っているのです。

◎見つめられ欲求と子ども

〝人々から見つめられたい、存在を知られたい〟

そうした気持ちを私はかつて「見つめられ欲求」と名づけて議論しました（『見つめられ欲求と子ども』近藤卓著・大修館書店刊、１９９０）。

褒められたい、評価されたい、しっかりと見つめてほしい、そう思って子どもたちは行動します。無視されることは、一番つらいのです。ところが、プラスの評価が得られないと知った子どもたちは、逆方向に走り始めます。嫌がられたり、恐れられたり、あきれられたりするための行動をとるのです。それでも、無視されるよりはましです。

そんなふうにして、子どもたちの反社会的な行動を理解しようとしたのが〝見つめられ欲求〟の概念です。

共有体験を繰り返し積み重ねていって、基本的自尊感情がしっかりとできあがって

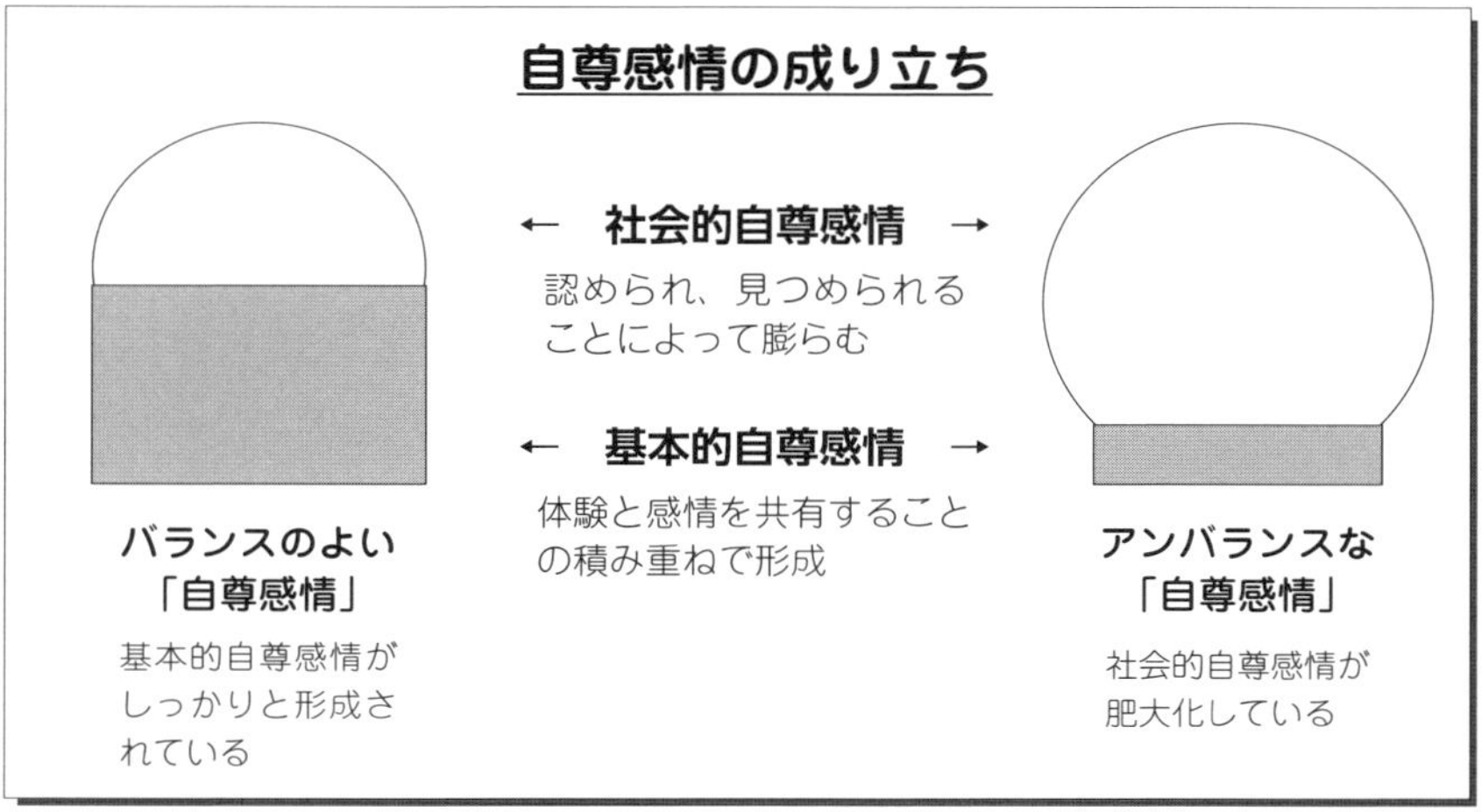

いくことで、子どもたちは安心して暮らしていくことができます。無理やり社会的自尊感情を膨らませなくても、自尊感情の大部分が基本的自尊感情によって支えられているからです。見つめられ欲求ばかりに頼って、社会的自尊感情を膨らませることに躍起になっている現代社会では、成績が良く褒められることの多い子どもは、それで大丈夫かもしれません。でも、それがかなわず、しかも基本的自尊感情が育っていない子どもは、どこかで一発逆転を狙って、一気に社会的自尊感情を膨らませようとするのです。

年を重ねていきさえすれば、子どもは自動的に成熟し、落ちついて物事の分かった「おとな」になれるわけではありません。30になっても、40になっても、70、80になっても、基本的自尊感情が育っていないままだと、いつまでも不安定な心のままです。

いつ何時、つぶれて雲散霧消してしまうかもしれない…そんな儚《はかな》げな社会的自尊感情を頼りに、生きていかざるを得ないのです。

「人間と話すのって、いいね」

この言葉は、秋葉原の事件を引き起こした青年が、インターネット上に残した、たくさんの書き込みの中にある、唯一と言ってもいいような肯定的なメッセージです。

事件の2日前、ナイフを入手するために訪れたミリタリー・ショップでの、店員とのやり取りを振り返って、6月6日の14時42分に、彼はそう書き残したのです。

「人間と話すのって、いいね」……なんと、悲しい言葉でしょうか。

温かい関係を持った「人」と話すのではなく、無機質な「人間」と彼は話したのです。それでも、思わず「いいね」と言いたくなってしまったのです。とても、悲しく寂しいことです。誰か「人」と、もっともっと話すことができていたら、彼にはもっと違った人生があったかもしれないと、私はそう思うのです。

人と出会い、人と話し、人と思いを共有し、自分の存在を確認する。そんな作業を無数に繰り返すことで、私たちは基本的自尊感情を形成していきます。

そして、厚みのあるしっかりとした基本的自尊感情ができていけば、その上に乗った社会的自尊感情がつぶれたとしても、文字通り少しばかり凹みはしますが、自尊感情が全くなくなるわけではありません（41ページ図参照）。そんな時にこそ、強固な基本的自尊感情が、私たちを支えてくれるのです。

◎ソフトクリーム

研究室に集まってくるゼミの学生の皆さんと、のんびりとお茶を飲んだりお菓子をつまみながら、とりとめもない話に花が咲くことがよくあります。もう二十年以上も前のエピソードですが、こんなことがありました。

それはとても暑い夏の日でした。ひとりの女子学生が、ソフトクリームを食べながら研究室にやってきました。研究室にいた他の学生諸君が一斉に反応したのを感じ取って、その女子学生はひとりひとりに一口ずつ食べさせました。私自身は、溶けて流れ出しそうなソフトクリームを、複数の人たちが交互になめまわすというその光景に、若干の驚きを感じて思わず目を点にして見つめていました。

するど、ひととおり全員に食べさせた後、その女子学生が私のほうへ向き直り「先生も食べますか？」と、ソフトクリームを私の鼻先へ突き出したのです。

私が欲しそうにしていると思ったのかもしれません。優しい彼女の思いを無にするようで気が引けましたが、それよりも、複数の人たちが（それもうら若い女性たちが）なめまわしたものを口にすることに強い拒否感がありましたので、断りました。

もちろん、「ありがとう」の一言は付け加えましたが…。

◎陽性の転移

このエピソードを、ただ単に世代や文化の違いによるギャップが原因だと考え、いわば社会学的に解釈することもできますし、心理学的には他にもさまざまな解釈が可能です。その一つは〝転移による解釈〟です。

養護教諭のみなさんは、保健室に来た児童・生徒から「お母さん」と声をかけられた経験はないでしょうか。彼らは、思わず「お母さん」と口にしてしまうのです。

私も教室や研究室で、学生たちから「はい、お父さん」とレポートを手渡されたことが何度かあります。もちろん言った本人も、直後に気づいて、照れくさそうに「先生」と言い直すのですが、「お父さん」は無意識に出てしまった言葉なのです。

幼いころの身近な養育者（多くの場合は父や母でしょう）との間で経験した、とても良い体験とその時の思いを、今現在目の前にいる誰かとの間で追体験することを「陽性の感情転移」といいます。それに対して、いやな体験を前提として追体験する場合は「陰性の感情転移」といいます。

カウンセリングの場面では、カウンセラーに対するクライエントの、陽性の感情転移が大切だと私は考えています。ついでに言えば、その際にクライエントから向けられる感情に呼応するように、カウンセラーの側からクライエントへ向けられる感情を「陽性の逆転移」といいます。これら、転移と逆転移の二つの感情が通い合って、カウンセラーとクライエントの間の信頼関係、つまりラポール※が形成されると考えられます。

要するに、心理学的に考えると、ソフトクリームを私に差し出した彼女は、私に対して陽性の感情転移を起こしていたのではないか、と考えられます。同じ食べ物を分け合う、しかも相手が口にしたものを交互になめあうというのは、幼い頃の親子にしか見られない行為だと思われます。「交互になめあう」ということから、恋人同士などでは、男女の関係を思い浮かべることもできますが、それも一種の転移のあらわれと解釈できるのです。

いずれにしても、ソフトクリームを私の鼻先に突き出して「先生も食べますか？」と言

※ラポール：心理学で、人と人との間がなごやかな心の通い合った状態であること。親密な信頼関係にあること。心理療法や調査・検査などで、面接者と被面接者との関係についていう。

った彼女は、私に対して陽性の転移を起こしていたと考えられます。つまり、少なくとも私を嫌ってはいなかったということでしょう。とても良いゼミ生で、もちろん、私も彼女たちを嫌ってはいませんでした。

◎「大丈夫です」

夏のある日、ある市の養護教諭部会の定例会にお邪魔したときのことです。冷えた麦茶がとても美味しい、蒸し暑い日でした。机を囲んで輪になって話し合っていたとき、目の前の若い養護教諭同士のやりとりが、ふと耳に入りました。

中身の少なくなったグラスを見て、隣の方がペットボトルを手にして「いかがですか？」と声をかけています。それに対して、相手の方が「大丈夫です」と返しているのです。こうした語法が用いられるようになったのは、つい最近のことのように思われます。これは、大学生同士の会話などでも、よく耳にします。

「大丈夫」って、何が大丈夫なのでしょうか。そのことを話題にしてみました。すると、その方の感覚では、「結構です」という言い方は、強すぎる感じがするそうです。逆の立場として、「結構です」と断られると、「ああ、そうですよね。すいません、いらないおせっかいでお勧めしてしまって」といった気分になるというのです。

ですから、相手にそんないやな気分を感じさせないためには、「結構です」という強い言い方ではなく「気を遣っていただいてありがたいのですが、注いで頂かなくても、私はまだ大丈夫です」という意味になるのだそうです。
また、「ラーメンのほう、お待たせいたしました」と食堂で言われて、他には何も頼んでないんだけれど…と感じることもあります。一足先に帰宅しようとする人が「お疲れさまでした」と、部屋を出て行くことにも違和感を感じます。出て行く側は「お先に失礼します」で、残って見送る側が「お疲れさまでした」と言うのが正解ではないでしょうか。

言葉だけではなく、最近は行動面でも戸惑うことがあります。町の雑踏を歩いていて、前から来る人とうまくすれ違えないのです。「それは、あなたが歳をとって動きが悪くなったからじゃないですか」と言われてしまいそうですが、どうもそうではないように思うのです。
というのは、すれ違う相手が年配の方だけでなく、かなり若い大学生くらいのこともあるからです。そして、相手と私は互いに進路を譲ろうとして、なかなか譲りきれない、というより互いに同じように身をよけるので、結局身体が触れ合うほど近づいて二人とも立ち往生してしまうのです。

私は、どちらかというと遠慮深い（自分で言うのも気が引けますが…）ので、以前から私が進路を譲ると、前から来る人はそのまま直進して、難なくすれ違えたのです。ところが、最近は向こうも遠慮深くなったのか、容易にすれ違えません。複数の人が集まるといろいろなことが起こりますし、互いの距離の取り方がとても難しく感じられる今日この頃です。

◎自信を持とう

今時の子どもたちは、私たちの子ども時代と随分変わってしまったのではないだろうか。こんな風に言っても通じないのではないだろうか。どんな時、怒るんだろう。どんな時、笑うんだろう。どうすれば喜んでもらえるだろう。どうすれば、子どもたちに自分の思いを伝えられるだろう…。

そんなことを一所懸命考えて、私たち大人が右往左往しているので、子どもとうまく接点がもてないのではないかと思うのです。

●空気を読まずに、マイペースで授業

子どもは、先生の発言や動きに対して、敏感に反応し、対応します。ところが、先生が子どもの様子を窺いながら、定まらない発言や行動を繰り返していると、子どももどうしていいか分からなくなって、互いにうまく関係を持つことができなくなるのです。

こんなときは、自分が正しいと思うことを率先して行動しましょう。いけないことは「いけない」とはっきり伝えましょう。通じない冗談でも、自分が面白いと思うことは、自信を持って発言しましょう。自信を持ってダジャレを言おうではありませんか。少しぐらい浮いてもいいのです。

そもそも、子どもたちだけの教室に大人がいるのです。最初から浮いています。「空気が読めない」と言われてもいいではありませんか。年齢も経験も違うのです。こっちも読めないけれど、子どもたちも私たちのことを読めないのですから…。

古代エジプトで、ロゼッタストーンの碑文に「最近の若者はどうも分からん」といった内容の記述があったという話を聞いたことがあります。世代間ギャップは、紀元前の大昔からあったのです。最近の若者や子どもが、急に分かりにくくなったのではないのです。

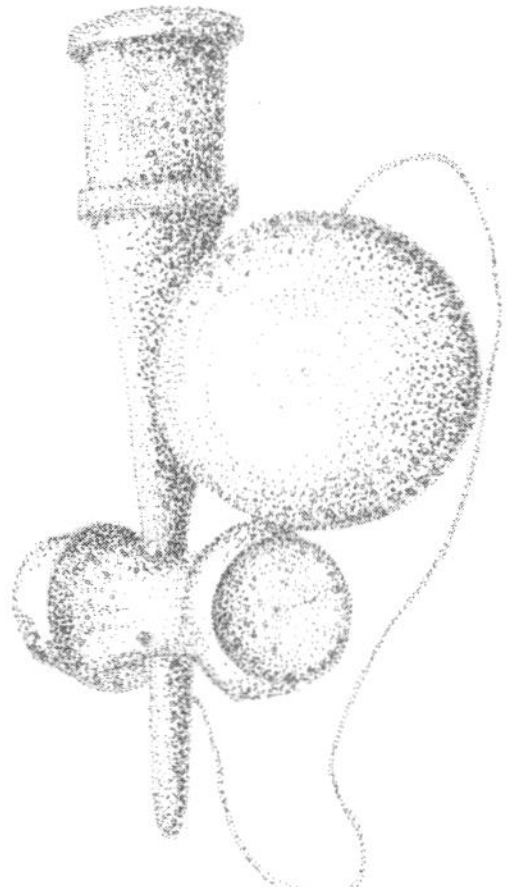

「そばセット」で自尊感情を測る

少し脱線してしまったかもしれません…。

◎〝自尊感情を測る〟とは？

話を元に戻すと、これまで、内外の子どもたちの様子をつぶさに観察しながら、私なりの視点でさまざまに考察してきました。私の経験から得た、限られた資料を詳細に記述し、かつ主観的に評価してきたわけです。読者のみなさまにも、世界の子どもたちの自尊感情の実態の一端が、ある程度ご理解いただけたのではないでしょうか。

ただ、次のような疑問を投げかけられた場合、こうした態度だけでは、直接的に十分には答えられません。

〜今の子どもの自尊感情は、果たして私たちが子どもの頃と、どう違っているのでしょう。地域によって、あるいは学校や学級によって違いがあるのでしょうか。外国の子どもたちと比較して、目の前の子どもたちはどうなんでしょう。また、ある教育実践を行なったことによって、子どもたちの自尊感情はどう変化したのでしょう。〜

これらの疑問に答えるためには、主観的な記述と分析ではなく、客観的な測定と統計学的検討が必要になってきます。そして、得られた統計データの結果を考察する段階になると、最終的には事例的な研究が欠かせません。つまり、それら両者の研究態度が相まって、より真実に近い知見が得られるのだと考えられます。

◎「そばセット」を作る

自尊感情については、古くは１００年以上前のウィリアム・ジェームズの時代から、ローゼンバーグ、ハーター、ポープ、クーパースミス、ヘルムライヒなど、多くの心理学者が、測定方法を含む多様な研究を進めてきました。現在、わが国でよく用いられているのは、40年以上前にローゼンバーグによって開発された、10項目の質問文からなる『自尊感情尺度』です。

私の研究室では、自尊感情の測定を一つの研究の柱にしています。これまで用いられてきたものとは異なり、先に述べたように社会的自尊感情と基本的自尊感情を区分けして測定できる尺度作りです。

社会的自尊感情は「Social Self Esteem」ですから、その頭文字をとってＳＯＳＥ（ソース）、基本的自尊感情は「Basic Self Esteem」ですからＢＡＳＥ（ベース）と呼ぶことにしています。それらを、両方区分けして測れる尺度を「Social& Basic Self Esteem Test」と名づけ、頭文字を取って「ＳＯＢＡ―ＳＥＴ（そばセット）」と私は呼んでいます。

ＳＯＳＥとＢＡＳＥ、それぞれ6項目からなる「ＳＯＢＡ—ＳＥＴ」で、ある小学校の４・５・６年生の児童33名の協力を得て、予備調査を実施しました。その詳しい内容と、その後の追加調査の結果は、２００９年1月17、18日に東京のオリンピック記念青少年総合センターで開催された『日本学校メンタルヘルス学会第12回大会』で発表しました。

ここでは、その一部について、概要をご説明したいと思います。

◎本当に測れているの？

「ＳＯＢＡ—ＳＥＴ」による心理尺度はその「信頼性」と「妥当性」の検討が必要です。信頼性とは、その尺度で測った場合に、いつでもしっかりと安定した数値が出てくるかということです。例えば、物差しがゴムのような伸び縮みする材料でできていて、１センチが１・１センチになったり9ミリになったりしたのでは、信頼性に問題があることになります。信頼性については、統計学的な計算で確かめることができます。

妥当性というのは、ねらい通りのものが測れているかどうかです。自尊感情を測っているつもりなのに、実は自己愛傾向を測っていたというのでは困ります。そういう意味では、妥当性はなかなかの曲者です。いろいろな検証方法があるのですが、知り合いの養護教諭の方々のご協力を得て、検証してみました。

まず、一人ひとりの児童の普段の生活の様子について、9項目の質問にそれぞれ5段階で先生方に評定をしてもらいました。さらに、現担任と元担任のおふたりに評定して頂き、それらが一致しているかどうかも見ることにしました。その結果、おふたりの評定は、ほぼ完全に近い一致を示しました（相関係数：r＝0・93）。

そして、肝心の児童の回答した結果と、先生方の評定の一致の具合は大切です。それらの一致の程度によって、児童が回答したアンケート結果が、妥当なデータだと言えることになるのです。

今回は、ソースについてのみ調べました。

その結果、統計学的にみても十分使用に耐える程度の一致を見ることができたのです（相関係数：r＝0・50（現担任）、0・48（元担任））。

◎ソースは下がり、ベースは変わらず

私たちの基本的な考え方は次のようなものでした。少し復習しておきましょう。

「ベースは、少しずつ日々の生活の中で積み重ねられ育まれるもので、ひとたび形成されると容易に崩れることはない。そして、自尊感情の基礎をしっかりと守るものである。ソースは日常のさまざまな出来事に応じて変化するもので、例えば勝負に勝ったり、何らかのことで優位に立ったりすると急激にふくらみ、負けたり劣勢に陥ると、しぼんでしまうようなものである」

これまでの先行研究においては、小学生は学年が上がるにつれて自尊感情が下がると言われていました。しかし、私たちの考えでは、ソースは上がったり下がったりすることがあっても、ベースは変わりません。

予備調査での検証結果は、私たちの理論を裏付けるものとなりました。ソースは、4年生から5年生、6年生と、次第に下がる傾向がありました。統計学的に見ると、意味のある下がり方をしたのは、6年生でした。6年生は、4年生と比べても5年生と比べても、有意な下がり方をしていたのです。それに対して、ベースについては4、5、6年生の間に変化はありません。

ただ、今回の結果は、あくまでも少数を対象とした、予備調査による限定的な結果です。まだ、私たちの「ＳＯＢＡ―ＳＥＴ」は決定版とは言えません。対象数を増やしたり、学校規模の違いや地域差を考慮に入れた本格的な研究に着手すべきです。

第2章

子どもの自尊感情を外国と比べると

◎外国の子どもと比べる

これまでに見てきた国々…つまり台湾、フィンランド、カナダ、そして日本の小学生を対象として、子どもの自尊感情の国際比較研究を実施してきました。研究では、あわせて1300名ほどの小学校4、5、6年生の児童と、それぞれの国の小学校の先生方や教育委員会の皆さん、さらには各地の大学の研究者にも協力してもらいました。

日本では、関東地方と中国地方の、それぞれ一校ずつの小学校の協力を得ました。仮にA小学校、B小学校としておきます。手間と時間をかけた3年がかりの調査でしたが、その結果は興味深いものがありました。ただ調査対象は、それぞれの国を代表するように無作為に抽出したものではありませんので、ここで得られた結果を一般化して議論することはできません。それでも私は、今後の大規模調査研究の方向性と可能性を示唆していると自負しています。

では、その一部を分かりやすい形で振り返ってみたいと思います。

◎どうやって調べたか

調査は、アンケート方式で行ないました。日本では一番よく知られているローゼンバーグの自尊感情尺度です。10項目の質問に4段階評価で答える尺度で、簡便さも手伝って非常によく用いられています。日本語版は、ローゼンバーグの著書（1989年刊）からオリジナル英語版を抜き出して、私たち自身で翻訳し、小学校の児童にも分かりやすい表現となるように工夫して作成しました。

カナダの子どもたちには、ローゼンバーグのオリジナル英語版をそのまま用いました。台湾では教育大学の教授と、同大大学院で学んでいる現職の小学校教諭に、中国語への翻訳を依頼し、フィンランドでは小学校の英語の先生に、同じようにフィンランド語に翻訳していただきました。

ところが、このような方法を取ると、オリジナル言語から対象となる国の言葉に翻訳したとき、微妙なニュアンスや意味が、異なったものになってしまう場合があります。そこで、こうした国際比較調査をするときには、例えば「バック・トランスレーション」※という方法を用いることになっています。この方法では、最低2人のバイリンガルの協力が必要です。

まず、オリジナル言語版を一人目のバイリンガルに目的の言語（例えば日本語）に翻訳してもらい、その日本語版を二人目のバイリンガルにオリジナル言語へと翻訳しなおしてもらいます。そうしたプロセスを繰り返したとき、まったく一字一句違わないというのは無理にしても、意味内容に不一致がないことを確かめるという方法です。

しかし、今回の私たちの研究では、時間的・経済的にそうした手間をかけることができず、先ほど説明したような形で調査票を作成しましたので〝4カ国で用いた調査票の意味

※バック・トランスレーション：国際比較を行なう場合の技術的な手法。まず、翻訳対象となる国の言語に文章を訳し、もう一度オリジナル言語に訳すことで、意味やニュアンスの整合性を保つ作業のこと。

の受け取られ方が同質である〃とは言えません。つまり、それぞれの国の、子どもたちの自尊感情の得点を直接比較して、高いとか低いとか議論できないことになってしまうわけです。

◎結果から見えてきたもの

それでは、この調査は意味のないものだったかというと、そうではありません。得点の高い低いを、各国間で直接比較することはできませんが、性別や学年別による違いを、それぞれの国の子どもたちについて見ることはできます。

もちろん、その場合でも、それぞれの国語による尺度について、妥当性と信頼性を検討しておく必要はあります。今回はそうした検討をしたところ、どの言語版も基準をクリアできると判断されました。

●フィンランドの授業風景

さて、具体的な結果です。性別でみたときに、違いがあったのはカナダだけでした。カナダでは男子のほうが、女子より有意に高い自尊感情の得点を示しました。その理由は分かりませんが、たしかに統計的に有意な差がありました。逆に言えば、他の国々では男女の差がないということにも、考察の余地があるということになります。

学年別に見たときには、さらに興味深い結果が得られました。フィンランド、カナダの2カ国では学年による自尊感情得点の差がないのに対して、日本のB小学校と台湾のデータでは、差が見られたことです。ただ、これは実を言えば、日本の小学生は学年が上がるにつれて自尊感情が下がるというのが教育現場での実感でもあるわけで、B小学校のデータがその実感通りの結果を示しただけとも言えるのです。

さらに言えば、特筆すべきは日本のA小学校では、4年生から6年生まで、まったく自尊感情得点に変化がなかったことです。この結果について、A小学校の先生方と議論しました。

A小学校では、調査時点まで4年間にわたって「いのちの大切さを育む」ことを目標に、全校あげての取り組みをしてきていました。つまり、4年生は入学当初から、5年生は2年生時から、6年生は3年生時から、そうした学校での生活を続けていたのです。その成果がこの調査結果に表れたのではないか、というのが先生方のご意見でした。実は私自身も、この小学校の実践に深く関わってきましたので、こうした意見には同意したいと思っています。

◎たくさんの議論を

先ほども申しましたが、一つのデータから短絡的に結論を導き出すのではなく、さらにたくさんの調査と研究が必要なことは言うまでもありません。今後は、なるべく国際的な場で、得られた子どもたちの自尊感情の問題を、より多くの方々と議論し、さらに確かな方向性を探っていきたいと考えています。

自尊感情の弱さは子どもだけの問題か

◎時がたてばおとなになれるのか

子どもは、時間が過ぎれば自然とおとなになるわけではありません。人が人としておとなになっていく過程では、社会との交渉が不可欠であるのは自明のことです。同じように、子どもの頃に弱かった自尊感情が、時間さえ過ぎれば補強されて強くなるのかというと、必ずしもそうではありません。

社会生活を普通に送っていく中で、特に意識しなくても一定程度の賞賛や評価を得たり、一方で、ある程度の共有体験を重ねることはあるでしょう。ですから、それらに応じて社会的自尊感情が高まったり、基本的自尊感情が補強されることはあるのだと思います。

しかし、現実の社会を見ると、そう楽観的になってはいられないようにも思われます。賞賛や評価を得るためには、そもそも何らかの継続的な活動にかかわっていく必要があるでしょう。ところが、失業率が上昇し、職についたとしても不定期雇用の形態であったりすると、一人の個人として存在を認められる機会を得ることさえ、なかなか難しいのではないでしょうか。

また、継続的な関係が希薄な状況では、基本的自尊感情をはぐくむための共有体験の機会も、極めて限られています。その結果、一過性の集団との合一体験によって、かろうじて孤独を癒やすことに頼るのでしょう。

スポーツの観戦やコンサートの鑑賞が無意味なものだとは思いませんが、基本的自尊感情を育むための共有体験として考えれば、身近な信頼できる人との、親密な関係に基づいた共有体験とは次元の異なるものだと言わざるを得ません。

◎「力」ばやり

『判断力』（奥村宏※著・岩波新書、２００４）や『集中力』（山下富美代※著・講談社現代新書、１９８８）などは、正統派の雰囲気が漂っていますが、『老人力』（赤瀬川原平※著・筑摩書房、１９９８）あたりからでしょうか、さまざまなジャンルの作品に「力」を付けて本が作られるようになったようです。

『癒（なお）す力』（吉田勝次※著・にんげん出版、２００８）というのも新聞広告で見かけましたが、最近読んだものでは、姜尚中※氏の『悩む力』（集英社新書、２００８）があります。力がなく弱々しいから悩んでしまうのではなく、悩むことも一つの力であり能力であるという考え方です。確かに、視点が変わる面白さと新鮮さがあります。例えば、年をとることで記憶力が減退するのではなく、忘却力が増進するといった逆転の発想です。

しかし、私には「力」をキーにして考える発想が、いま一つしっくりきません。力を使って、道を切り開いて進んでいく、あるいは進んでいかなくてはいけない、という強迫観念のようなものが感じられるからです。

そもそも人間は、立っているだけ、座っているだけで、相当な力を必要としています。

※奥村 宏（1930～）：
経済学者で評論家でもある。日本型株式会社の特色を法人資本主義と名づけたことで知られる。

※山下 富美代（1936～）：
認知心理学の専門家であり、警視庁科学捜査研究所での勤務経験もある。

※赤瀬川 原平（1937～2014）：
前衛芸術家で、作家としても知られる。尾辻克彦名義で書いた『父が消えた』で芥川賞受賞。

※吉田 勝次（1943～）：
歴史学博士で元兵庫県立大学環境人間学部教授。いちょう会館太極拳健康教室主宰

あとはバランスを取りながら、少し重心を前に移したら体が前のめりになるので、片方の足を出して体が倒れないように支える。残った足を引き寄せながら、その足を惰性で半歩前に出したら体が少し前進した。そんな進み方でも良いのではないかと思うのです。肩で風を切るようにして、ズンズンと力強く進んでいくばかりが人生ではないでしょう。

先日、４０００ccで４２０馬力のエンジンを積んだ、最新型の車に試乗する機会がありました。今、人気のある小型車といえば、せいぜい１５００ccで１００馬力程度のエンジンですから、その車は小型車ぐらいの車体に不釣合いのエンジンを積んだ、モンスターのような存在です。信じがたいような加速で走ることができましたし、それなりの興奮を感じることはできました。

しかし、私としてはそんなふうに空気を切り裂き押しのけて走るのではなく、半分以下の排気量と出力の車で、風と一体となって、ゆったりと移動するほうが、豊かな気持ちになれるのです。

◎いまさらアテンションか

そういえば、姜氏の本の中に、「アテンション」の重要性を説いている部分がありました。この本では、夏目漱石※とマックス・ウェーバー※をテクストとしながら議論が展開されているのですが、ヴィクトール・フランクル※もしばしば引き合いに出されています。私の書棚にも、フランクルの『夜と霧』と『死と愛』（いずれも、みすず書房刊）がひっそりと並んで置かれています。

※姜 尚中（1950～）：
政治学者で、東京大学名誉教授。専門は政治学・政治思想史。

※マックス・ウェーバー（1864～1920）：
ドイツの社会学者・経済学者。デュルケームやジンメルと並び、近代社会学を作り上げげた。

※夏目 漱石（1867～1916）：
小説家、評論家、英文学者。『我輩はお先真っ暗の猫である』というパロディ画も描いている。

※ヴィクトール・フランクル（1905～1997）：
オーストリアの精神科医、心理学者。『夜と霧』は世界中でロングセラーとなっている。

『夜と霧』は、よく知られているように、ユダヤ人であったフランクルが、第二次大戦中にアウシュビッツ収容所で過ごした経験を元に書かれています。今から30年以上前、私自身が読みながら傍線を引いた部分をたどっていくと、１８３ページの数行に、傍線とともに大きな印がつけられています。

「すなわち人生から何をわれわれはまだ期待できるかが問題なのではなく、むしろ人生が何をわれわれから期待しているかが問題なのである」。姜氏が言いたいことも、恐らくこの部分に集約されていることと思います。

つまり、人は誰でも他者から忘れ去られることがもっとも辛いことで、期待し待っていてくれる人たちがいることで、大きな力を得ることができると言うのです。それを姜氏は、アテンションと呼び、「ねぎらいのまなざしを向けること」と表現しています。

私もこのことが重要でないとは思いません。確かに、人から認められたり見つめられたりすることが、私たちのやる気や力を生み出します。そのことを、かつて〝見つめられ欲求〟と名づけたことを先ほども申し上げましたが、このことを追求することで、社会的自尊感情が高まるのは言うまでもありません。

しかし今、私たちが問題にしなければならないのは「力」ではないと思うのです。人を押しのけ、社会の荒波を乗り越えて前進するための「力」ではなく、社会の風と共にゆったりと生きるための「支え」が必要とされているのではないでしょうか。

◎おとなにも必要な共有体験

テレビドラマなどを見ていると、勤め帰りの主人公たちが行きつけのバーや飲み屋のカウンターで、並んでグラスを傾けながら語り合っています。

私は繰り返し、子どもの基本的自尊感情を育むために、向き合う関係ではなく並ぶ関係による感情の共有が大切だと説いてきました。並ぶ関係は、子どもだけではなく、おとなにも必要なのでしょう。

最近、毎週のように全国各地の小・中学校の校内研修会などへ講師として呼ばれます。子どもの自尊感情のお話をさせていただくのですが、感想を伺っているうちに、そこにいる先生自身が自分のこととして私の話を受け止めてくださっている、ということをしばしば体験しています。

子どもの頃から、頑張って優等生を演じ、大学を出て教員になって、社会的自尊感情は十分育っている。けれども、どこかに不安感と孤立感を感じていた。それは、自分自身の基本的自尊感情の脆弱さだったということを、私の話を聞いて思い知らされたというのです。おとなの基本的自尊感情も危ういのかもしれません。自殺者数が年間3万人に達しているることからも、そのことが推察されます。私たちおとな自身が、共有体験を積み重ねていくことこそが求められているのかもしれません。

あらためて自尊感情を考える

◎なぜ今、自尊感情か

この10数年ほど、自尊感情、自尊心、自信、セルフ・エスティームなどをキーワードとして、子どもについて語られたことは、これまでにはなかったのではないでしょうか。それは、社会経済的な背景と無関係ではないのかもしれません。

つまりそこには、空虚に肥大化した経済（いわゆるバブル経済）が崩壊し、一気に意気消沈したムードが漂うようになった90年代の社会状況があったように思えるのです。自信たっぷりだった日本経済が後退すると同時に、個々人がそれを自分自身の内面に投影し、自信をなくしていったように感じられます。

そこで、自信を持とうじゃないか、自尊心を育もう、脆弱化した自尊感情を強化しよう、といった議論が沸き起こったように思われるのです。私は、世界の社会史や経済史に通じておりませんので、詳しい事情は分かりませんが、日本より早くアメリカの教育界で巻き起こった自尊感情のブームも、背景にはそうした社会経済的な要因があったのかもしれません。

そのアメリカでは、すでに10年ほど前から〝セルフ・エスティーム運動〟は、衰退の一途をたどりはじめています。これは、セルフ・エスティームを高めれば学業成績が向上すると信じてきた教育関係者の失望が、衰退の要因となっていたようです。

このように見てくると、自尊感情への関心が、この10年、20年の間に起こった問題だと結論付けたくもなりますが、実はそうではありません。

◎いつから自尊感情は語られてきたのか

日本における自尊感情の問題は、もっと古くからある根深い問題で、少なくとも第二次世界大戦後の60数年にわたる問題だったのではないかと思われます（このことについては、またいずれ議論いたしましょう）。

アメリカにおけるセルフ・エスティーム研究の起源は、19世紀の末にさかのぼります。1890年（明治23年）、心理学者のウィリアム・ジェームズ※が出版した『心理学原理』（The Principles of Psychology）の中で言及しています。この本は、第1巻が689ページ、第2巻が688ページにも及ぶ大著で、心理学の古典としてよく知られる書物です。手元にあるその原著を繙《ひもと》いてみますと、その第1巻の第10章「自己意識」の前半310ページに〝Self-esteem〟が数式の形で説明されています。

ジェームズによれば、セルフ・エスティームは成功を分子とし、要求（意図・目的）を分母とする割り算によって決定されるとしています。つまり、どれほど大きな成功をしても、要求が大きければセルフ・エスティームは低く、成功は小さくても要求が小さければセルフ・エスティームは高まるということになります。

彼の考えでは、セルフ・エスティームは誰にでも共通するものではなく、その人のその

※ウィリアム・ジェームズ（William James 1842 〜 1910）：アメリカを代表する哲学者・心理学者。意識の流れの理論を提唱した。『ねじの回転』で知られる小説家のヘンリー・ジェームズは弟。

時の望みに応じて、それが成功したときに高まるというものです。

まわりから、いくら成功しているように見えても、当の本人が求めているものに合致していなければ意味がないし、求めているものの大きさに比較して、成功の度合いがある程度の大きさでなければ、セルフ・エスティームは高まらないということなのです。

ジェームズの考えたセルフ・エスティームの概念は、成功に依存しているところから考えると、社会的自尊感情に相当するものだといえるでしょう。既に触れたように、今私たちのまわりで議論されている自尊感情は、その多くが社会的自尊感情に相当するものです。ジェームズがセルフ・エスティームを、このような形で、心理学の土俵で最初に語ってから約126年、私たちはその呪縛から未だに逃れられずにいるのかもしれません。

◎自尊感情には二つの側面がある

これまでに申し上げたように、自尊感情には社会的自尊感情（SOSE）と基本的自尊感情（BASE）という二つの領域があり、他者との相対的な優劣で高まったり低下したりする、いわば変動を繰り返す部分がSOSEで、一度形成されると容易に崩れることのない自尊感情の基礎をなすのがBASEだというのが、私の考え方です。

これまでにも、自尊感情の二つの側面について考えている心理学者がいないわけではありません。例えば、自尊感情の内でも変化しやすい部分と安定的な部分を想定して、それぞれを状態自尊感情と特性自尊感情というように定義しているものがあります（Learyら、

１９９５）。また、自尊感情の揺らぎを想定して、それを測定しようとするものもあります（原田、２００８）。さらには、「他者の視点をそのまま取り入れ、他者の有する価値基準にそのまま依存した形で評価基準を形成している」部分と、「他者の視点を取り込みつつ自己の内的基準として形成し直すプロセスを経た」部分という、二つを想定する考え方があります（中間、２００７）。

また、「自分は周囲の人から無条件で愛されるべき存在であるといった認識、いわゆる安定した愛着を基盤としたセルフ・エスティームも考えられるが、やはり自分と他者とを比較すること（すなわち社会的比較）によって、自分の価値の高さを相対的に判断することが多いと思われる」（傍点筆者）という記述も見られます（伊藤、２００７）。

このように、自尊感情の二つの側面に言及している心理学者がいないわけではありませんが、それらとＳＯＳＥ＋ＢＡＳＥの考え方には根本的な違いがあります。

これまでの考え方では、自尊感情という「一つの感情」が、揺れ動いたり安定的であったりするということでした。ところが、ＳＯＳＥとＢＡＳＥは自尊感情という「一つの感情」の内に、二つの独立した領域を認めようということなのです。なぜ独立した領域とするかというと、それらはそれぞれの成り立ちが違うからなのです。

繰り返しになりますが、ＳＯＳＥは他者との比較によって、ＢＡＳＥは他者との共有体験によって成立するものなのです。

あらためて、「自尊」という語を広辞苑（新村、１９６０）で引いてみると、実に興味深いことを見ることができます。この語には、二つの意味があるのです。

【参考文献】
◎ Leary, M. R., Tambor, E.S., Terdal, S. K., Downs, D. L. (1995) 「Self-Esteem as an Interpersonal Monitor :The Sociometer Hypothesis」『Journal of Personality and Social Psychology』68, No.3, 518-530
◎原田宗忠（2008）「青年期における自尊感情の揺れと自己概念との関係」『教育心理学研究』56、330-340
◎中間玲子（2007）「自尊感情の心理学」『児童心理』第 61 巻第 10 号　884-889
◎伊藤篤（2007）「柔軟なセルフ・エスティームと自立性」『児童心理』第 61 巻第 10 号　896-901
◎新村出（編）（1960）『広辞苑』

その第一は、「自ら尊大にかまえること、うぬぼれること」で、つまり他者との関係での構えとしての意味です。そして第二の意味として、「自重して自ら自分の品位を保つこと」とあり、これは自分自身の内的な基準に照らして、自分を保とうとする気持ちであると理解できるでしょう。つまり私たちの日常語としての「自尊」には、もともとこうした二つの側面が含意されているのです。

セルフ・エスティームという外来概念では、ジェームズの呪縛から逃れられず、社会的な側面に偏った見方から離れることができないように思います。そこで私たちは、他ならぬ「自尊」感情という語を用いることによって、明確にSOSEとBASEという二つの領域を意識化し、子どもたちへのかかわり方に生かそうとしているのです。

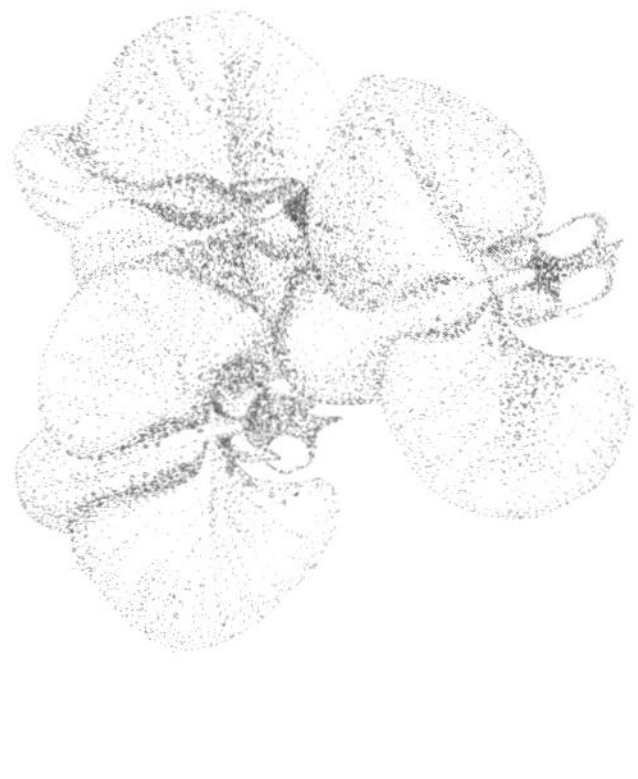

あらためて共有体験を考える

◎金魚が死んだ

「大きく育った金魚が水槽の中に浮いているのを見たのは夕方の、たまたま家に私以外だれもいないときでした。まぶたのない魚の目は当然見開かれたように見えて、それも含めてすごく怖いと感じたのです」（川畑玲奈「長年家にいた金魚が死んで」２００９年１月31日付　朝日新聞「声欄」）

新聞の投書欄にあった17歳の高校生による投稿は、「生き物が意外なほどにあっさりと死んでしまうこと」に驚き、恐れ、そして「どんな小さなものでも確かに生きているんだということ」を思い知らされた体験をつづっています。

素直な気持ちで、ストレートに書かれた文章を読んで、私自身あらためて生命の不思議さに思いを馳せました。私も、そこにいてあたりまえ、動いていて当然のように、わが家の犬たちのことを見ていたような気がするのです。投書の主はそのことを、「無意識のうちに飾り物のように思っていた」と述懐しています。でも、確かに金魚は生きていて、だからこそ死んでしまったのです。

そして、そのことを目の当たりにすることは、高校生にとっても、これほどに大きな心理的な体験なのですね。

◎死んだ金魚をどうするか

先にもお話ししましたが、死んだ金魚をどうするかということは、意外に大きな問題です。私がこれまでに日本の各地で伺ったところでは、多くの家庭で、親子で死んだ金魚を土に埋めて、埋葬の真似事をしているようです。ところが、数パーセントの家庭では、生ゴミとして処分したり、猫に食べさせたり、トイレに流したりする場合もあるようなのです。

試しにインターネットで「死んだ金魚をトイレに流す」と入力して検索したところ、たくさんの記事が表示されました。ブログの類が多いのですが、中には〝死んだ金魚をトイレに流したら、子どもが泣いて悲しんだ〟といった内容のものまであって、大いに驚きました。

２００９年に刊行された拙著「死んだ金魚をトイレに流すな」（集英社新書）のタイトルでは「流すな！」と、きつい口調になっていますが、私はそれほど攻撃的な性格ではない（つもりな）ので、誤解を受けないかと若干気がかりではあります。

この本でお伝えしたかったことは、子どもの自尊感情の問題と、そこでの共有体験の大切さです。そのためには、まず多くの人々に手に取ってもらう必要があり、タイトルはそのための方策だということを申し上げておきます。

なにはともあれ、金魚が死んだときに親子で体験するお墓づくりは、一つの共有体験のチャンスです。体験を共有しながら、感情を共有するというのが、共有体験の定義ですが、まさにそのことが、金魚の死と埋葬の過程で行なわれます。

◎共有と共感

体験を共有しても感情が共有できない場合があります。感情の共有については、心理学の分野では共感の問題として研究が進んでいます。そこでは、共感と同情を区別して考えています。分かりやすく言えば、共感は双方向的な関係で、同情は一方向的な関係だということでしょう。親子の場合で考えれば、親が子どもの悲しさを推し量って慰める場合（同情）と、親も同じように悲しさを感じて共に悲しむ場合（共感）、という違いです。

ただ、どんなときでも感情を共有できる人が共感性が高い、ということになるかというと、そうでもありません。つまり、子どもの感情が理解できずに、共有不全を感じるということもあるのです。

①肯定的な感情に対する共有
②否定的な感情に対する共有
③肯定的な感情に対する共有不全
④否定的な感情に対する共有不全

例えば、ここにいじめを受けた二人の子どもがいるとします。ひとりは、いじめを受けたことによる苛立ちを、物に当たるという攻撃行動で表します。もうひとりは、そのつらさから、部屋に引きこもってしまいます。

この両方の子どもの気持ちを共有できるとすれば、それはそれで素晴らしいことかもしれません。ただ、そうしたことができる人ばかりではないでしょう。私自身は、カウンセラーとしてたくさんの子どもたちとかかわってきましたが、前者の子どもの気持ち、つまり「苛立ち」の感情は共有することができません。私自身が、そうした「苛立ち」の体験をしたことがないからです。

感情を共有できないにもかかわらず、「分かる、分かる」と安易に口にすることは、実は共感しているのではなく、同情しているに過ぎない、ということなのです。カウンセリングだけでなく、子どもとかかわりを持つ私たちおとなには、簡単に「分かる」のではなく、分からないからこそ分かろうとして、一心に耳を傾けることが求められているのではないでしょうか。

◎共感性の高さ

人間というものは、いろいろなことを考えるものですね。

これは、心理学者という一群の人びとも同じで、同情と共有と共感の違いを、あれやこれやと議論して、それを測定しようとしています。

角田（１９９４）は、共有体験と共有不全体験のバランスで、共感性の高低を測定しようとしました。橋本（２００５）は、共有する際の感情が、肯定的なものか否定的なものかで違いがあると考え、それらを測定しようとしています。つまり、喜びやうれしさのような肯定的な感情と、悲しさや苦しさのような否定的な感情のそれぞれに対して、共有で

【参考文献】
◎角田 豊（1994）
「共感経験尺度改定版（EESR）の作成と共感性の類型化の試み」『教育心理学研究』42、193-200
◎橋本 秀美（2005）
「肯定・否定感情に着目した共感性尺度の開発」『心理臨床学研究』22、637-647

きる場合と共有できない場合があり、それらの組み合わせで4パターンできるというわけです。橋本の研究では、共有のパターンを測定する尺度を開発して、これら4パターンの組み合わせを基に、私たちの共感性の高さを測定しようとしています。

養護教諭として、ひとりのおとなとして、自分自身の共有と共有不全がどのようになっているのかを意識化することで、子どもとのかかわり方が随分と違ってくるのではないかと思います。

ファンタジーの力って？

◎田口ランディさん

２００９年に開催された『子どもといのちの教育研究会第10回大会』では、特別講演として田口ランディ※さんをお迎えして「いのちのファンタジー」というテーマでお話しいただきました。田口さんといえば、数々の文学作品を発表されていて、多くのファンがいる当代人気作家のお一人です。

ただ、あまり文学に関心の少ない人たちからは、「え、田口ランディって女性だったの?!」という声も聞こえてきます。実は私も、田口さんのことを詳しくは存じ上げませんでした。読んだ作品も、『聖なる母と透明な僕』（青土社刊）というエッセイ集くらいのものです。ただ、あまり予備知識や先入観を持たないまま、ある意味ニュートラルな気分でお話を聞くというのも、良いのではないかと思っています。やはり、ライブに勝るものはないからです。聞くと見るとでは大違い、百聞は一見にしかず、ということです。

田口さんの講演は、勢い溢れるものでした。あまり大きくはない体全体を使って、歩き回りながら熱のこもった話を展開されました。特に、娘さんと二人でファンタジー作りをして遊んだお話は、参加者の心を大いに揺さぶったようでした。

※田口 ランディ（1959 〜）：女性小説家。2001 年『できればムカつかずに生きたい』で、第１回婦人公論文芸賞を受賞している。

◎ファンタジーで遊ぶ

お話の中で語られた田口さん親子のファンタジーは、死別あるいは喪失の物語でした。二人が乗り移った身近なぬいぐるみなどで、物語を演じながら、やがて母親のぬいぐるみがいずこかへ去っていきます。娘は、その後を追い別れを悲しみます。母子で涙にくれながら、別れの悲しさつらさに思う存分浸る、というお話でした。
なぜ、そうした悲しみやつらさを、何度も何度も体験することができたのかというと、それはつくりごとの物語だったからだというのです。ファンタジーの安心感があったので、そうした遊びを繰り返すことができたといいます。
母子は、作られた物語での、そうした心理的な体験を繰り返すことで、実際の悲しみやつらさの準備をしていたのかもしれません。また、安心なファンタジーの世界で、そうした非日常の心理的体験をすることで、一種のカタルシス（浄化作用）を体験していたのかもしれないのです。

ここまで考えたときに、私の頭にまず思い浮かんだのは、ミヒャエル・エンデ※の『はてしない物語』です。映画化されたその物語の中では、古本屋のおやじさんがバスチアンに、次のようなことを語りかけていました。

「普通のお話はファンタジーなので、読み終わったら元の世界に戻ってこられる。

※ミヒャエル・エンデ（Michael Ende,1929 ～ 1995）：ドイツの児童文学作家。
代表作に『はてしない物語』『モモ』などがある。

しかし、このお話は違う。この世界に入ったら、元には戻ってこられない」

バスチアンは、この言葉の恐ろしさと誘惑に負けて、その分厚い本を盗み出してしまうのでした。元の本には、そのような描写はありませんが、次のような一節がより説得的な言葉で、私たちにファンタジーの力を伝えてくれます。

〜すばらしい話も終わりになり、数々の冒険をともにした人物たち、好きになったり尊敬したり、その人のために心配をしたり祈ったりした人物たち、かれらとともにすごせない人生など空虚で無意味に思える人物たちと別れなくてはならなくなり、人前であれ陰でであれ、さめざめと苦い涙を流す——、そんな経験の一つもない者には、おそらくバスチアンがこのときしでかしたことが理解できないだろう。〜

（『はてしない物語』岩波書店）

ファンタジーには、本当に大きな力があります。私の手元には、40年ほど前に購入した10冊を越える手塚治虫※の『火の鳥』があります。未来編、ヤマト編、宇宙編、黎明編、鳳凰編、復活編、望郷編、太陽編など、そのどれもが強く私をひきつけます。

特に、普段は棚に上げている「いのちの荷物」が落ちてきたとき、私はそのどれかを手に取ります。多くの場合、その1冊を読み始め、2冊目に入った頃には、もうすっかりファンタジーの世界のとりこになっていて、それまでの現実の問題はどこかへいってしまいます。そして数時間後、いつの間にか私の棚上げの作業は終わっているのです。

※手塚 治虫（1928 〜 1989）：日本を代表する漫画家というだけでなく20世紀を代表する文化人である。世界に比類のない漫画文化を作り上げた彼の功績ははかりしれない。手塚は自らの戦争体験によってもたらされた「生命の尊厳」をテーマに、『火の鳥』をはじめ数多くの作品を発表している。

◎ファンタジーの力

ミヒャエル・エンデは、ファンタジーの力の大きさと、その大切さを伝えたかったのではないでしょうか。だから、『はてしない物語』の中で〝ファンタージエン〟というファンタジーの世界を展開し、人びとがそれを忘れたことで、その世界が喪失してしまうことの危機を物語のテーマにしたのでしょう。

しかし、ファンタジーは、ただの「つくりごと」なのでしょうか。音楽や演劇、映画、絵画、彫刻など、芸術と呼ばれるものは、すべて「つくりごと」です。そもそも、学校だって家族だって社会だって、いわば「つくりごと」です。ある意図や目的をもって、人が集いつながり合って作られています。

私は子どもの頃から、いわゆる趣味といわれるものに打ち込んできました。言い訳ですが、そのために勉強するヒマもなかったほどです。模型の船や飛行機や自動車を作ったり、無線機やラジオやアンプを作ったり、ギターやベースの演奏に打ち込んだり、オートバイや自動車に熱中したりと、常に何かに夢中でした。

模型飛行機を作って飛ばして、自分が飛んでいる気分になる。ギターを弾いて、ビートルズになったつもりになる。私が夢中になっていたすべてのものは、ファンタジーの世界に入るための、道具だったのです。

今は、こうして文字を連ねることに夢中になっていますが、これはまさに「つくりごと」です。文字は人間が作ったものです。文字や単語を組み合わせて、物語を作ったり、論文を書いたりします。これをつくりごとと言わずして、なんと言うことができるのでしょう。

私にとっての究極のつくりごと、それはダジャレです。「ふとんが、吹っ飛んだ」「茄子のなすり合い」「りんごが溺れた、アップル、アップル」「キュウリは、きゅうり止まれない」。私は、ダジャレは〝瞬間ファンタジー〟だと思っています。突然、何の前触れもなく、瞬間的につくりごとの世界に入れるのは素晴らしいことです。

「ジャガイモが転んだ、ポテッと」と聞いた瞬間に、とことこと歩いてきた可愛らしいジャガイモがポテッと転んだ様子をイメージできる素晴らしい力を、私たちは手にしているのだと思います。

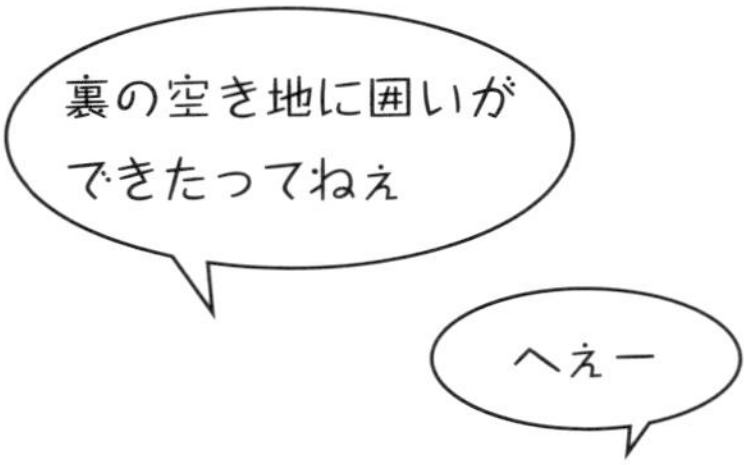

◎信じることの意味

「I have a dream !」と演説したのはキング牧師※です。おそらくファンタジーと思われたその夢を、私たちは一歩一歩進んで、現実のものにしようとしているのです。

次の言葉は、私の大好きなものです。

imagine it. think it. believe it, and live it.

「はじめは、想像した。次に、思った。そして、信じるようになった。やがて、私はその通りに生きていた」

『ポジティブ・イリュージョン』という心理学の概念があります。直訳すれば、正の幻想ということになるでしょう。この概念を提出した研究者たちの調査によれば、「大多数の人たちが、平均的な人たちより長生きできると思っている」というのです。つまり、自分は他の人たちより長寿だと、ほとんどの人たちが思っているわけです。これは、論理的に矛盾しています。でも研究者らは、こうした幻想を持っていることが、精神的な健康に関係しているとも述べています。

私たちは、さまざまな幻想やつくりごとに囲まれて生活しています。ある人は仏壇に向

※マーティン・ルーサー・キング Jr.（Martin Luther King, Jr.,1929 ～ 1968）：キング牧師の名で広く知られ、アフリカ系アメリカ人公民権運動の指導者として活動した。

かって、別の人は墓石に向かって、またある人は空を吹き抜ける風に向かって、さらにある男は、海に沈み行く自分の家に潜っていって、亡き人と出会います。こうした幻想やつくりごとの世界に、ひとりで浸って沈み込んでいくことは危険なことかもしれません。田口さん母子がそうしたように、私たちも身近な信頼できる誰かとともに、ファンタジーの世界で思いを共有したいと思います。

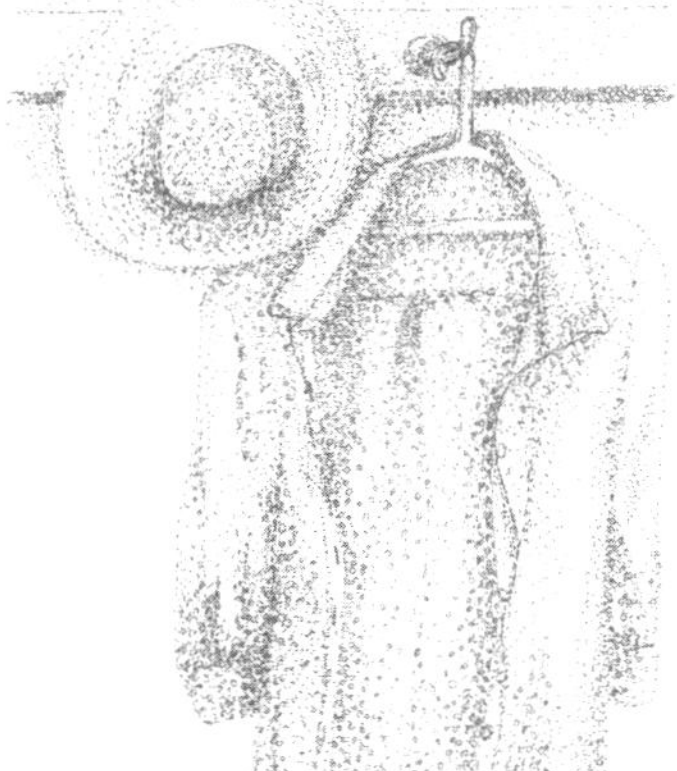

4年目のフィンランド

◎林 籠義さん?

「ハヤシ・コモヨシ知ってる?」

フィンランドはオウル市郊外にある小学校の先生宅での、午後のお茶の時間のことでした。中学2年生の長女から、2歳の次女まで、4人の子どもたちと奥さん、先生、そして私の7人でテーブルを囲んでいました。楽しいお茶の席の雑談の中で、突然この言葉がお父さんの口から出てきたのです。ハヤシ・コモヨシと言われても、日本の有名な人物で「林」という名字の人がどれほどいるか分かりませんが、誰のことなのかさっぱり頭に浮かびません。

実はこれは、日本語とフィンランド語の発音が似ていることに着目した、フィンランドで流行っているジョークの一つだそうなのです。答えは「君のスキー靴壊れていない?」という意味のフィンランド語だそうで、正確には〝hajosikomonosi〟と綴るとのことで、よくよく耳を澄ませば、ハヨシコモノシなのですね。

●午後のお茶のテーブル

このほかにも「モコマキ・ヒキマヤ　mokomakihikimaja」というのがあるそうです。こちらは「壊れかけた小屋」という意味だそうで、フィンランドの人たちがこんな言葉遊びをしていることを知って、なんとなく国際ダジャレのようで嬉しく感じました。

そういえば、携帯電話のノキアは軒屋のようですし、家具のイケアは（スウェーデンですが）池谷みたいでもあります。

◎英語の力

私が滞在中に、フィンランドで開催されていたスキー・ジャンプのワールドカップで、日本の選手が優勝したということが話題になっていました。行った先々の小学校や中学校の子どもたちから「オカべ知ってる？」と、何度も聞かれました。スキー競技の情報に疎い私でも、さすがに岡部孝信※選手のことは記憶に残っていました。

それにしても、フィンランド滞在中に何度「38歳のオカべ」と耳にしたことでしょう。ある中学校の教室で生徒たちとやり取りをしていて、この話題になったときに、「じゃあ、僕は何歳だと思う？」と聞いてみました。

真っ先に手を上げた少年が、「40歳」と自信たっぷりに答えました。「いい子だね」と言うと、別の少女が「47歳」とこれまた自信たっぷりです。「君もいい子だ」と言いながら、本当は61歳だと言うと、どよめきが漏れました。日本人は、全体に若く見られるというよく知られた事実が、ここでもまた確認されたのでした。

それはともかく、子どもたちとのこうしたやりとりは、すべて英語です。私が英語で日

※岡部 孝信：1970 年生まれ。スキージャンプ競技の選手で、1995 年サンダーベイ世界選手権個人ノーマルヒル、1998 年長野オリンピック団体の両方で金メダルを獲得している。

常会話をすることは特別驚くべきことではないでしょうが、相手は小学生や中学生です。小学校3年生から英語が正課になっていて、毎週2時間の授業があるといっても、英語とはまったくことなる〝ハヤシ・コモヨシ〟の世界に生きています。

それが、どうしてここまで力が付くのか、専門外の私にとってはその理由が分かりませんが、学ぶべきことがあるように感じられます。

◎4度目ともなると

人と人は、やはり直接会って話をして、交流を深めていくことがなによりも大切なのだなと、このときの訪問で改めて思いました。どの学校へ行っても、先生方が安心して私を迎えてくれているように感じられたのです。一年ぶりの再会を互いに喜んで、握手をしたり抱き合ったりするのは例年通りです。そして、特別な話をするわけではありませんが、それがなおさら自然なことのように思われました。

私がそこにいて当たり前な感じ、といったらいいでしょうか。談話室で、先生方に混じってお茶を飲んでいても、特別な配慮をされている感じはありませんでした。

●気軽なお茶会

お土産に日本のお菓子を持っていきましたが、たいした反応はありません。テーブルに置いてある、他のお菓子やシナモンロールと同じように、普通に当たり前のように摘んで食べてくれました。去年までは、あれやこれやと私に気を遣って、お菓子の話題を盛り上げようと質問したり、味についての感想を声高に述べあったりしたものでした。

三日目の夜には、地域の6つの小学校の先生方が一堂に会して、パーティが行なわれました。私の歓迎会という説も一部にありましたが、皆が特別に私を気遣っている様子はありません。歌好きの中年男の一人として、他の先生方と一緒にギターを弾きながら、わいわい騒いだ一夜でした。というわけで、当たり前のように学校を訪問し、先生方と談笑し、教室へ行きアンケートを配布・回収し、子どもたちと会話を楽しみ、1週間の調査旅行が終わりました。

●三日目の夜のパーティで

◎豊かさとは

フィンランドは、OECDの国際学力調査で、常に高い成績を残して注目を集めてはいますが、もちろん何も問題がないわけではありません。

２００８年は、高校生による銃の乱射事件がありましたし、自殺率も世界有数の高さです。ご存知のように、消費税は22・5％の高率で、先生方の話によると、所得税も小学校の教員で30％、校長先生は40％だということでした。

単純に言えば、お金をたくさん持っているわけではない上に、物価も高いのです。ミネラルウォーターを買えば、３６０円ほどしますし、ガソリンは下落した今でも1リットル１７０円ほどもします。前回訪問時の２００８年3月頃は、２５０円以上していました。

しかし、そうした税の高さも、いわゆる「高負担・高福祉」の裏づけとなるもので、余分なものを買わなければ特別なお金はいりません。そして、金銭的な側面だけでなく、暮らしが本当に豊かなように感じられます。

教員の下校時間は午後3時、会社員は4時には帰宅しますから、夕方から夜にかけて、自由に使える時間がたっぷりあります。そして、大多数の人たちが別荘や山小屋を所有しているので、週末などは大自然の中で家族と過ごします。

今年も何軒かのお宅にお邪魔しましたが、家の中の様子はまるで「アート・ギャラリー」か、小さな美術館のようです。それぞれの家庭ごとに、好みの美術品や工芸品を飾って楽しんでいる様子が、本当に気持ちよく感じられたのでした。

本当の豊かさって、なんだろう…改めて、そんなことを考えさせられた4度目のフィンランド調査でした。

アメリカの学会にて

◎ダラスといえば…

３回目となる「デス・エデュケーションとカウンセリング学会」に出席しました。２００７年の開催は米インディアナ州のインディアナポリス、２００８年はカナダのモントリオール、そして２００９年はテキサス州ダラスでした。

ダラスといえば、まず頭に浮かぶのはケネディ大統領の暗殺事件です。容疑者とされたオズワルドは逮捕後に射殺され、その殺人犯ジャック・ルビーもその後死亡し、暗殺事件はさまざまな憶測と推理をよびおこし、今でも謎の部分が多いと言われています。

厳としてあるのは、ケネディ大統領は殺されたという事実です。彼は、若き日の私自身にとっても憧れの存在であり、夢を与えてくれた人でした。若くエネルギーに満ちて、妻と子どもたちに囲まれた、自由の象徴のような存在だったように思い出されます。

「国があなたたちに何をしてくれるのかを問うのではなく、あなたたちが国に何をできるのかを問うべきである」といった内容の、あの有名な演説が今でも心に残ります。「イエス、ウィ・キャン！」と人々に呼びかけた、若く希望に満ちたオバマ大統領とイメージが重なります。

学会の会場となったホテルから、徒歩で10分足らずのところに暗殺現場がありました。

●ケネディ大統領を狙撃したとされるビル

当時は教科書会社だったというビルの6階の窓から、狙撃者が数発の銃弾を発射したとされています。その6階のフロアは、今では「6階博物館」として公開され、大統領にかかわるさまざまな資料が展示されています。そのビルの窓から、大統領の乗ったオープンカーが走っていた道路は、目と鼻の先にしっかりと見ることができます。そして、その瞬間の道路上の地点には、白線で×印が付けられていました。

ケネディ大統領が殺害されたその場所に立ったとき、私は人の命のはかなさと、そのはかない存在を暴力で抹殺しようとする人間の愚かさに、改めて憤りと悲しさを感じました。そして、生きなければならない、生き続けなければならない、との強い思いを新たにしたのでした。

◎いのちの教育のシンポジウム

学会では、日本の研究者4名で「日本におけるいのちの教育」と題したシンポジウムを開催しました。

シンポジストとしては、私が一番バッターとして「いのちの教育の概念と実際」について講演しました。まず、「いのち」という語が単に死と生だけでなく、人生におけるあらゆる出来事を含む、極めて幅の広い概念を持っていることを示しました。また、これまでの日本におけるデス・エデュケーションの歴史や、いのちの教育運動のはじまり、そしてそのきっかけとなった1990年代の出来事、さらには子どもや青少年の問題について概観しました。

例の「金魚のお墓」の話や、綿棒を手首に立てる実践の話なども、写真やイラストを多用して説明しました。とにかく、いのちの教育はデス・エデュケーションとは一線を画する〝日本独自の教育である〟ということを強く訴えました。

●発表はシンポジストの一番手

次のシンポジストは「子どもたちは死を正しく理解できているのか?」という題で報告しました。とりわけ、死んでも生き返ると考える子どもの率が高いといった衝撃的な報告があり、メディアがセンセーショナルに取り上げたことなども紹介しました。しかし、それらの報告については、調査や分析の方法にいくつかの問題点を指摘することができ、今後の研究が期待されることを示しました。

三番手は「突然死による死別と悲嘆」という表題で発表しました。1995年の阪神淡路大震災など、悲惨な災害や事故・事件の頻発がきっかけで、残された家族の悲嘆に注目が集まるようになってきました。

発表者は、JR福知山線の脱線衝突事故により子どもを亡くした夫婦への面接を続け、こうした死別家族の悲嘆の問題を考え続けています。それは、単なるインタビューや調査といった段階を超えて、深い共感と理解に基づいたカウンセリングの水準に達していると私は考えています。

この学会が「死の教育とカウンセリング学会」というのも、まさにこの意味でのカウンセリングを実践し、研究している人々の集まりだからです。そうした意味でも、参加者から大いに関心を集めた発表でした。

◎熱心な聴衆

シンポジウムには、全体で1時間半の時間が用意されていました。各自15〜20分程度の発表で、残りの30分くらいが質疑応答にあてられました。それほど大きくない会場で、20名程度の参加者でしたが、次々と手が上がり、さまざまな質問が出され、興味深い議論が展開されました。

まず聞かれたのは、いのちの教育はどの程度広がっているのか、という質問でした。この点については、２００５年度から２００７年度までの科学研究費（萌芽研究）で、私が研究代表者として「いのちの教育の全国調査」を実施していました。

その結果から、いのちの教育と銘打たずとも、多くの学校で実践はなされているとお答えしました。アメリカでも、ある意味で日本と同様の事情があるようで、死へのタブー視は根強く、あまねくデス・エデュケーションが行なわれているわけではないとのことでした。これに関連して、なぜ日本でいのちの教育としての実践が広がらないのか、という質問も出されました。

私からは、それは文科省による学習指導要領に明確に位置づけられていないからだ、とお答えしました。また、他のシンポジストからは、実践しようと思っても、その手順や方法が周知されていないところにも、その原因があるのではないかとの指摘がなされました。「いのち」の概念の広さ、そしてそれに基づく「いのちの教育」という考え方には、参加者の多くが強い印象を受けたようでした。

●シンポジウム終了後、参加者と意見交換

アメリカの多くの大学で、死生学の教科書として使われている本の著者、リン・デスペルダー氏もその一人でした。私たちのシンポジウムの開催を事前にプログラムで知っていた彼女は、学会開催の１カ月以上前に私にメールを送ってきて、学会で会うのが楽しみだと言っていました。

もちろんシンポジウム当日には、彼女は最前列で熱心に耳を傾け、議論にも参加してくれました。連夜の懇親会でも意見を交わし、学会最終日のお別れ会でも名残を惜しんでくれました。

◎希望と勇気

外国の学会は不慣れな若い人たちも、シンポジウムが始まってみると実に堂々とした話しぶりで、参加者も大きくうなずきながら、熱心に耳を傾けていました。私のように40歳を過ぎて初めて外国暮らしをしたものからすれば、20代のうちからこうして国際学会で活躍する人たちの今後は、無限に広がっていくように感じられます。

同時に、そうした人たちと一緒に仕事ができることで、大きな希望と勇気が湧いてきます。イエス、ウィ・キャン！

第3章

あたりまえの日常から

◎安心って？

梅雨の晴れ間の土曜日、久しぶりに東京都心の大学の森の中に出かけました。外界の喧騒がうそのように、かすかに湿り気を帯びた静かな空気があたりを満たしています。三々五々散歩を楽しむ人々、犬との散策や絵画サークルと思しきグループ、ぼんやりと空を見つめる人など、それぞれが自分のペースで時間を楽しんでいるように見えます。

かく言う私も、オープンテラスのカフェでお茶とサンドイッチを楽しみつつ、こうしてパソコンに向かっています。

そういえば大学のキャンパスには、大手のコーヒー・チェーンやサンドイッチ・ショップ、さらにはコンビニエンス・ストアなどが点在しています。こうした風景は、いつの頃からか、それほど珍しいことではなくなってきました。世界中に支店を展開しているコーヒー・チェーンで、私は安心してサンドイッチと飲み物を注文します。どこで食べても、それ以上でもそれ以下でもない〝あの〟味が口いっぱいに広がります。

学会や調査で各地に出かけたときには、ついでにマグカップをお土産にします。いまや、世界各地の都市名や、日本中の県名・都市名が入ったカップが、研究室にはあふれかえっています。

大学からの帰り道には、ほとんど毎日のようにコンビニエンス・ストアに立ち寄ります。夕食のおにぎりが目当てです。7時から11時まで開いているのが売りだったあのお店、丸にKの字のお店、家族で行くお店、ナチュラルが売りのあのお店…と、各種のコンビニエンス・ストアに立ち寄って、日替わりでいろんなおにぎりを二つ購入します。

ここに行けばこれがある、これはこういうものだ、それ以上でもそれ以下でもない…そんなことが、自然と頭の中に入っています。思ってもみないような掘り出し物はないけれど、とんでもないはずれもないという「安心」が売り物です。

人々は、人間にもそれと同じことを求めているのでしょうか。これ以上でも、これ以下でもない人間、意外性のない人間、そんな安心を求めているのかもしれません…。

◎意外性が望みか

とは言いつつ、私自身が意外性を望んでいるのかというと、実はそうでもないのです。「サプライズ」を楽しみにしているようでいて、それを面白がるのは一時のことです。長い目で見れば、私たちが望んでいるのはそんなことではないように思います。

地に足の着いた当たり前の毎日、代わり映えのしない日常こそが安心につながります。そこにこそ真実があるのでしょう。自尊感情の弱さという子どもの問題を考えていて、私にとってはそのことが明確になってきました。

人間の生きざまに特別の方法などありません。即効薬や、魔法のような方法などありはしないのです。結局のところ、当たり前の毎日の繰り返しの中で、代わり映えのしない人と人のかかわりにこそ、幸せの秘密が隠されているのではないでしょうか。青い鳥を探して旅を続けても、結局のところ、その鳥はどこか見知らぬ地にいるのではなく、自分の手元にしかいないのです。

結論から言えば、自尊感情の弱さという問題は、日常生活におけるコミュニケーションの希薄化に、その原因があると考えられます。コミュニケーションが希薄化し、身の回りがギスギスして、社会全体が冷たいものになったことは大きな問題です。また、そのことから、一触即発の状況が至る所で見られます。街の雑踏で、混み合った電車で、コンビニのレジ前で、道路を走る車同士で、人々は常に怒ったような顔つきで先を急いでいます。なんとさみしく、つまらない社会でしょう。

しかし、問題はそのことではありません。それは、大人社会の問題です。子どもにとっては、もっと深刻なことが起こっています。そんな一触即発の爆発寸前の社会に、生まれた時からさらされているからです。生まれた瞬間から、そうした状況を目の当たりにしてきた子どもたちは、自分はこの世から歓迎されていないのではないかと感じているのです。

誰も自分のほうを振り向いてくれません。誰も自分に声をかけてくれないし、自分の声を聞こうともしてくれません。子どもたちは「無視されている」と感じているのです。子どもたちは、自分を大切に思えないまま、幼い日々を過ごしているのです。自分が〝大切な存在である〟ということを確認できないまま、大人になっていきます。つまり、コミュニケーションの希薄化は、社会の表層の問題にとどまることなく、子どもたち一人ひとりの、心の問題を引き起こしているのです。

心を支える一番大切なものが、危うくなっています。大人たちが怒っていても、けんかしていても、ぎすぎすしていても、それは大した問題ではないのです。一番大きな問題は、そうした状況が子どもの心の深いところに、大きな傷をつくってしまっていることなのです。

◎笑顔がなければ言葉もない

連日連夜のコンビニ通いで一番気にかかるのは、レジ前に並んだ人の様子です。


「いらっしゃいませ。お買い上げありがとうございます」

「・・・・・」

「こちらのお品、温めますか？」

「・・・・・」（無言でうなずく）

「お箸は何膳お付けいたしますか？」

「・・・・・」（無言で指を一本立てる）

「お待たせしました。○○円でございます」

「・・・・・」（無言でお金を出す）

「ありがとうございました。またのご利用をお待ちしております」
「・・・・・」（無言で立ち去る）

これでも、確かにコミュニケーションは成り立っているわけで、店員は間違いなく金銭を受け取り、客は物品を入手する。一つの立派なコミュニケーションの形態といえるでしょう。

ただその間、客は〝ニコリ〟ともしないのです。一方の店員も、マニュアルに沿った形で、間違いのない情報を発信し、それに対する客の反応を確認し、手続きを続行し、完了します。これでコミュニケーションは成立し、社会は成り立っています。

何度も言いますが、これで社会は成り立っているのです。コミュニケーションも成立しています。一番の問題は、客も店員も「ニコリともしない」ところにあります。そばで、その情景を無心に見ている子どもは、どう感じるのでしょうか。私は、連日連夜こうした情景を見ていて「この人たちはなにかに対して怒っているのかもしれない…」。そうとしか思えなくなっています。

◎笑顔を作る方法？

かつてロンドンに留学した折、まず車を入手しようと中古車屋さんへ行きました。いろいろと物色しているうちに、所狭しと置かれた車の中で、向こうのほうに見えた黄色い車が気にかかりました。「あの黄色い車が気に入った」と伝えたくて、「イエロー・カー」と言いながら指差しました。ところが、どうしても通じません。何度も聞き返された挙句、結局店員さんを連れて車のところまで行きました。そして、ようやく「ああ、この車か」と了解した店員さんに、その場で発音練習をさせられたのです。

イエローはyellowだから、エルの発音をしっかりしなければ聞き取れないというのです。私の発音はyerowになっていて、何のことだか分からないそうです。そこで何度も「エル、エル」と口の端を横に引っ張り、舌を上顎につける練習をさせられました。

「エル」の発音ができれば、自然に口が横に広がり、笑っているような表情になります。英国人の魅力的な笑顔の元はここにあったのかと、私は得心しました。

楽しい気分のときには、自然に笑顔になります。気持ちが表情を動かすのです。しかし、人間とは不思議なもので、その逆もあるのです。心身相関の理論が示すように、表情や体が動くと、それにつれて気分が動くことがあるのです。

記念撮影のときのように、いつも「ピース、ピース！」と言っているわけにもいきません。何とか、自然に笑顔（のような表情）を作る方法を考え出したいと思います。

●筆者の笑顔のもとは、この愛犬

国際学会で…

◎再会

7月18、19、20日の三日間は、２００９年に参加した二つ目の国際学会でした。一つ目は、先にご報告したように、アメリカ・ダラスで開催されたＡＤＥＣ（デス・エデュケーションとカウンセリング学会）でしたが、二つ目の学会は千葉県の幕張メッセで開催された、ＡＰＨＰＥ（アジア太平洋ヘルスプロモーション・健康教育学会）です。

ＡＤＥＣは死の教育の学会で、ＡＰＨＰＥは健康教育の学会です。いのちの教育は、そのどちらにも「ドンぴしゃり」ではありませんが、非常にかかわりが深い領域です。「いのち」は、人生のあらゆる事態・局面を含んでいるからです。

そんなこともあって、私は、どちらの学会でも「いのちの教育」のシンポジウムを企画しました。ここでは、台北教育大学の黄教授と私が座長となって、台湾と香港から研究や行政に携わる方々を招いてのシンポジウムでした。私自身も、日本のいのちの教育の現状と課題を報告しました。台湾では、10年以上前に、高等学校での生命教育が正課となったそうです。

黄教授は、台北教育大学で生命教育研究所の所長をされており、生命教育に関する教員の研修や、再教育にも力を尽くされている方です。２００７年に台湾を訪問した際には、大変お世話になりました。久しぶりにお会いして、再び一緒に仕事ができることに感謝しました。

◎それは何語？

日本国内で開催されたといっても国際学会ですから、全体の参加者1000名ほどのうち、3割ほどは海外からのお客様です。アメリカやオーストラリアといった英語圏のみならず、台湾、中国、香港、韓国、タイ、イランなど、多様な言語圏からの参加者で、会場は活気に満ちていました。

学会での公用語は英語でしたが、それぞれの国や地域特有のなまりのある「英語」です。アメリカン・イングリッシュとか、ブリティッシュ・イングリッシュなどの括りではまとめきれない、日本、台湾、香港やタイなどのアジアン・イングリッシュです。

〝郷に入りては郷に従え〟の伝えどおり、それぞれの国特有の発音の仕方があって当然なのでしょう。もちろん個人差というものもありますが、それ以上に、面白いほどにその国の人に共通の発音の仕方が感じられます。

国際学会とは離れますが、最近あるところでストレスについての講演をしたときに、参加者から質問がありました。〝リラクセーション〟なのか〝リラクゼーション〟なのかというものです。

その方は、「かつては後者が多く聞かれたが、最近は前者が多いように感じられる。しかし、時に心理学の専門家などが後者を用いているのを聞くこともあるので、混乱してしまっている」と言うのです。

たしかに、両者は混在して用いられていますが、もちろん「元の英語」では〝リラクセーション〟と濁りません。ただ、カタカナで表記したり、日本語として発音する場合、それはすでに「英語」ではなく「外来語」なのですから、「元の英語」と同じである必要はないでしょう。どちらかに統一しさえすればよいのですが、どちらかといえば「元の」発音に近いほうをとる、ということなのでしょう。学習指導要領でも、今では〝リラクセーション〟となっていて、今後の趨勢《すうせい》は濁らない方向のようです。

同じようなことは、カウンセリングや心理学関係だけでも、枚挙に暇がありません。①クライエントかクライアントか、②ラポールかラポートか、③ロジャーズかロジャースか、④フロイトかフロイドか、⑤マズローかマスローかなど、いくらでもあります。

これらは、どちらが正しいというものではありません。どちらも「日本語（外来語）」であって、「英語（外国語）」ではないからです。

私自身は、クライエント、ラポール、ロジャーズ、フロイト、マスローと表記し発音しています。ちなみに、ラポールはフランス語から英語圏への外来語ですし、フロイトはオーストリア人ですから、ドイツ語圏の名前です。それらを綴りどおり英語で読めば、ラポートやフロイドになるというわけです。

こんな話を、大学の授業ではしばしばしています。言葉を読み書きし、言葉を用いてコミュニケーションする能力を磨くことが、大学生の最も大切な課題ですから、言葉にこだわることの重要性はいくら強調しても、し過ぎるということはないと思っています。そして、言葉の表現にこだわることで、関心が高まり、理解が深まり、記憶が定着するに違いないと信じています。

◎言うべきことは、はっきりと

ついでに言えば、最近私自身は、できる限りカタカナ言葉や難しい漢語は使わないように心がけています。そういったものを使うことで、相手を煙に巻き、事実を歪曲したり、衝撃を弱めたり、そのものの持つ力を封じてしまうように感じられるからです。

〝リスク〟は危険と言うべきですし〝ファクター〟は因子と言うべきでしょう。〝ソーシャル〟は社会的と言えばいいし〝スキル〟は技術で十分です。リスク・ファクターとか、ソーシャル・スキルと言った途端に、問題点がぼやけてしまったり、特別なもののように受け取られてしまうように思います。

〝コンプライアンス〟は、法令順守とはっきり言ってほしいですし、〝レイプ〟は暴行と言うべきです。暴行は、殺人や放火と同様、極めて凶悪な犯罪です。それをレイプと言うことによって、凶悪性をぼかしてはいけないと思うのです。

また、テレビのニュースなどで、責任のある立場にいる人が「遺憾に思います」と言っているのを聞くと、なんだか謝っているように感じてしまうのですが、遺憾は残念だというだけの意味です。全然謝ってなどいません。「遺憾などと言ってはいかん！」と言うべきでしょう。万引きという言葉もよくないと思います。窃盗、盗み、あるいは泥棒と、はっきり言うべきでしょう。

もちろん、良かれと考えて言葉を言い換えることはあります。精神分裂病は統合失調症と呼び名が変わっていますし、精神障害を精神疾患と言い換える動きもあります。

ただ、新聞に載った「障害の『害』、なぜ平仮名に」と題した、21歳の男子大学生の投書を読んで、ことはそう単純ではないと改めて思い知らされました。投書の主は、進行性の病気に罹患していて、常に介助が必要な方とのことです。

「最近、『障害』という言葉の『害』の字を平仮名にした『障がい者』『○○障がい』との表記を目にします。私はそれを目にするたび、『害』を平仮名にする理由を考えてみるのですが、「イメージが良くないから？」という結論しか出てきません。「悪いイメージのある要素を持っている自分はいったい…」と思い始めると、とても傷つきます。～（以下略）」

（朝日新聞東京版「声」欄、２００９年７月29日）

◎私たちの責任は

言葉は大きな力を持っています。知らず知らずのうちに、あるいは良かれと思って、かえって人を傷つけたり、そして煙に巻いたりごまかしたり、衝撃を強めたり弱めたり、様々に機能します。それもこれも、言葉が勝手に動き回っているのではなく、私たち自身が言葉を使っているのです。

言葉で煙に巻く技を、人はどこで覚えるのでしょう。小学校からの学校教育で、正しい言葉の使い方を学んできた子どもたちが、大学という高等教育の場で、言葉の誤った使い方を学んだのだとしたら、私たち大学教員には大きな責任があるかもしれません。自分にもその責任の一端があると考えると、内心忸怩《じくじ》たる思いがすると共に、遺憾に思います。

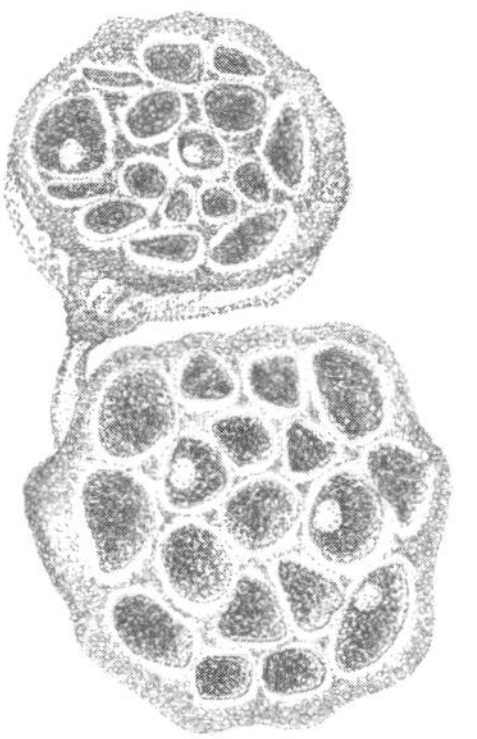

安全はなぜ必要か

◎法律も変わった

２００９年４月、学校保健安全法が施行されました。これまでの学校保健法が改定され、「第３章　学校安全」が付け加えられたのです。私はそのなかでも、「安全」の項目に注目してみたいと思います。局長通知（２００８年７月９日）には、次のような文言があります。

「児童生徒に対する安全指導については、児童生徒等に安全に行動する能力を身につけさせることを目的として行うものであり、児童生徒等を取り巻く環境を安全に保つ活動である安全管理と一体的に取り組むことが重要」であるとしています。そして、具体的には「防犯教室や交通安全教室の開催、非難訓練の実施、通学路の危険箇所を示したマップの作成など」が必要だと指摘しています。

私自身も２００７年に『お父さんは、子どもを守れるか？—防犯といのちの父親学』（日本文教出版）という本を、ＡＬＳＯＫあんしん教室との共著で出版しました。その本では、後半部分で、ＡＬＳＯＫあんしん教室の担当者が、まさに防犯教室や防犯マップ作りなどのノウハウを示しています。

しかし、一番大切なことは、ノウハウではないと思うのです。どんな技術でもそうですが、使おうという意志がなければ、なんの役にも立ちません。安全確保のノウハウを学んでいても、安全に過ごしたいという気持ちがなければ、宝の持ち腐れになってしまいます。

この本の前半部分は、私が執筆を担当しました。なぜ安全が大切なのか、なぜ自分のいのちが大切なのか、それを子どもたちが実感できるようにすることがまず必要であると、読者に伝えたかったのです。

◎なぜ安全が大切なのか

なぜ、安全が大切なのでしょう…。

それは、結論的に言ってしまえば、「いのち」が大切だからです。ここで言う「いのち」は、単なる身体的な生命だけの意味ではありません。悩みや不安を抱えて、生きる意欲が湧いてこなければ、精神的な「いのち」が勢いを失っていることになります。いじめに遭って、一人の世界に閉じこもっているとすれば、社会的な「いのち」が瀕死の状態にあるといえるでしょう。

私たちは、そのように、身体的、精神的、社会的に生きている存在としての「いのち」を持っているのです。「いのち」が大切だと言っても、動物も植物も、あらゆる生命あるものは等しく大切な存在だ、などという抽象論を語ろうとしても意味がありません。目の前にいる子どもに、具体的なあなたの「いのち」そのものが大切なのだ、ということを伝えなければなりません。

それには、なんといっても親からの絶対的な無条件の愛が欠かせません。ただ、無条件の愛は、それだけで伝えられるものではありません。無条件の愛を伝えるためには、同時に伝えなければならない大切なことがあります。

一方、条件付きの愛は、簡単に伝えられます。おとなの思ったとおりに行動したときに「よしよし、よくできたね」と褒めて、ご褒美をあげればいいのです。

無条件の愛は、どうすれば伝わるのでしょう。それは、なにかのきっかけを待って伝えるものではありません。

逆説的な言い方になりますが、無条件の愛は伝えなくてもいいのです。なにも伝えず、ただ心に強く思っていさえすればいいのです。「私は、この子を無条件に愛している」と。無条件の愛が伝わるのは、無条件の禁止が示されたときです。人や自分自身を傷つけようとしたり、他人の物を盗ったりしたときに、無条件で絶対的な禁止を伝えるのです。無条件で絶対的な禁止とは、説明や説得抜きの、文字通り問答無用の禁止です。「だめなものは、だめ」という、無条件の禁止です。「人を殺してはいけない」ということに、説明などいらないのです。

無条件の禁止が説明できないのは、無条件の愛が説明できないのと同じです。私が子どもを愛していることについて、説明することはできないのです。

「あなたがこれこれだから、私はあなたを愛している」と説明したとすれば、それはすでに条件付きの愛です。そうではないのです。説明などできません。なぜなら、私は子どもを「無条件に」愛しているのですから。

説明や説得抜きに、無条件で絶対的な禁止を伝えたときに、私たちの子どもへの愛は無条件の愛としてしっかりと伝わるのです。

◎一緒に感じること

目の前にいる子どもに、具体的なあなたの「いのち」そのものが大切なのだ、ということを伝えるために、しなければならないことはもう一つあります。そして、それは保護者だけでなく、私たち教師にもできることです。

これまでに何度か触れていますが、共有体験を繰り返していくことです。共有体験とは、体験を共有すると共に、感情を共有することです。

例えば、先生と子どもが、一緒にテレビを観ているとします。思わず面白くて笑ったときに、横を見たら先生も楽しそうな笑顔だった。悲しくて涙が出そうなとき、隣にいる先生や友だちも、目から涙がにじんでいた…。そんなふうに、感情を共有する体験を通じて、自分は先生や友だちと同じように感じている、自分の感じ方はこれでいいんだ、自分はこれでいいんだと、自分自身を受け入れられるようになっていくのです。

同じように笑い、同じように泣き、同じようにドキドキする。信頼する誰かと一緒に、テレビを観るという体験を共有しながら、そのとき同時に〝同じように感じている感情を共有する〟ことが大切です。

もちろん、テレビは一つの例です。もっと生の体験、つまり視覚と聴覚だけでなく、嗅覚や触覚や味覚を動員しての、五感を駆使した共有体験こそが望まれます。誰かと一緒にご飯を食べる時間は、そうした意味で、かけがえのない貴重な体験の時間になるのです。

とにかく、一歩一歩積み重ねていく共有体験は、地道で成果の実感しにくい作業です。しかし、逆に言えば、一回一回の共有体験は、確実にその子の心の中に積み上げられていきます。

5回目のフィンランド

◎自転車は最高

毎年、私はフィンランドへ通い続けています。５回目の２００９年には、初めて雪のない季節に訪れました。

日本では残暑が厳しい9月のはじめでしたが、フィンランドではすでに紅葉が始まりかけていて、秋の気配が確実に忍び寄っていました。１週間の滞在で、その初日には夜10時近くまで明るかったのですが、帰る頃には8時でも暗いくらいでした。アッという間に、秋が深まったという感じでした。一日に10分以上も、日が短くなっていくのですね。そして9月23日には、昼夜が同じ長さになるという、考えてみれば当たり前のことですが、緯度による違いを改めて認識しました。

フィンランドの人たちにとっても、日に日に短くなっていく時期は、あまり楽しい気分ではないようです。ただ、その反面、春になると毎日10分以上の勢いで日が長くなっていき、春が駆け足でやってくるのが、とても嬉しく興奮することだと、ある中学校の先生が話してくれました。

そんな初秋の日々を、自転車で駆け巡りました。今ではとても大切な友人になっている小学校の先生が、家で余っている自転車を一台貸してくださったのです。ホテルにはもちろんですが、町中どこへ行っても自転車置き場が完備されています。私の愛車となった自転車は、ホテル玄関前の自転車置き場で、毎朝私が起きてくるのを、健気に待っていてくれました。

オウル市は人口13万人、面積４５０平方㎞の、フィンランドで6番目に大きい工業都市です。その町に、網の目のように自転車専用道路が張り巡らされています。その総延長は、実に２６６㎞にも及びます。車なら、10分で走り抜けられるような小さな町に、２６６㎞もの自転車専用道路があるのです。

●自転車で海辺を走る筆者

どこへ行くにも、自転車があれば町中を走り回れます。信号で止まったり、車や人を避けることもなく、自由に走れるのです。そのせいでしょうか、どの自転車もサドルが異様なほど高い位置にセットされています。中高年の人たちも、高いサドルにまたがり、前かがみになって変速ギアつきの自転車で颯爽と走っています。

◎自尊感情調査の報告

フィンランドには、自転車に乗るためだけに行ったのではありません。前回の訪問で実施したＳＯＢＡ—ＳＥＴで測定した、子どもたちの自尊感情の結果を報告するためです。

地域にある2つの中学校と6つの小学校から、5人の校長先生のほか20名ほどの先生方が集まってくださり、私の話に耳を傾けてくださいました。

せっかくの機会でしたから、日本の小学校などで実践している「手首の上の綿棒」(手首の脈動の上に、画鋲に差した綿棒を立てて、心拍を目で確かめる実践)を、やってもらいました。ヒゲの校長先生も、若い新任の先生方も、誰もが真剣な表情で綿棒の動きに歓声を上げていました。

では、調査の概要を少し紹介したいと思います。

繰り返しになりますが、私たちは、フィンランド、日本、台湾、そしてカナダの4カ国で、自尊感情の調査をしてきました。その結果は、いくつかの学会や論文でも発表しています。それらは、よく知られたローゼンバーグの自尊感情尺度を用いた調査で、しかも各国語に翻訳したときに、意味の同質性を十分に検討していませんでした。ただ翻訳しただけでは、日本語からフィンランド語になったときに、同じ意味として受け取ってもらえるかどうか分からないのです。そこで『バック・トランスレーション』(57ページ参照)で、2つの言語での表現の意味が同じかどうかを確かめました。

前回までの調査では、その結果に日本と台湾には似たところがあり、フィンランドとカナダにも共通性がありましたから、今回は日本とフィンランドだけでの比較調査としました。結論を言えば、日本の子どもたち(小学校4~6年生)の自尊感情は、これまでの多くの研究結果と同様、学年が上がるにつれ下がっていくというものでした。それに対して、フィンランドの子どもたちの自尊感情は、まったく下がらないのです。しかも、点数も高いのです。

また、日常の共有体験についてもたずねました。日々の生活の中で、家族や友だちとどの程度遊んだり食事をしたり会話しているのかを聞きました。そして、そうした日常の共有体験と自尊感情の関係についても分析したのです。

これらの詳しい結果については、学会で報告しましたし、拙著（『自尊感情と共有体験の心理学』金子書房、２０１０）にも書きました。詳細は、そちらをご覧ください。

◎日常の共有体験はおとなにとっても大切！

自尊感情の弱さは、子どもだけの問題ではありません。おとなにとっても、とても重要な喫緊の課題になっていると思います。それは、我が国において、年間の自殺者数が10年以上にわたって3万人を越えていることが、象徴的に物語っています。

言うまでもありませんが、ここでの自尊感情とは基本的自尊感情のことです。決して、社会的自尊感情のことではありません。つまり「自分はここにいていいのだ」「自分は生きていていいのだ」という、無条件で絶対的な思いのことです。そして、こうした思いは、日常の共有体験の無数の積み重ね、繰り返しによってのみ培われるものです。〝ともに喜び、ともに美しいものを見つめる〟という、身近な信頼できる人との、なにげない共有体験こそが大切なのです。

●マッカラを炙《あぶ》る

折りしも、今まさに私の書斎の窓から、中秋の名月が光り輝いているのが見えます。なんと美しい月でしょう。そして、私たちはその文化の中に、こうした美しいものをともに眺めるという体験を積み重ねてきたはずです。そしてただ眺めるだけでなく、月見団子を口にし、酒を酌み交わす…なんと豊かな共有体験でしょう。

発表の終了後は、皆で歌ったり食べたりの豊かな時間を過ごすことができました。ここに来るたびに、発表は単なるダシに過ぎず、実は食べたり歌ったりすることが主目的で皆さん集まっているのではないかと、真剣に思ってしまいました。それほど、先生方は楽しそうでした。

「マッカラ」というフィンランド名物のソーセージを、焚き火で炙《あぶ》ってかじり付きながら、フィンランド民謡やビートルズの歌で盛り上がる1時間でした。ギターが4本も用意されていましたから、私も楽しく弾きまくりました。

その後、いつも伺う小学校の先生宅にお邪魔して子どもたちと再会、私、小学生の息子さんと先生の3人でサウナに入りました。週に2、3回程度、こうした1時間ほどのサウナ・タイムを持っているとのことでした。男の子はお父さんと、女の子はお母さんと一緒に、80度の蒸し暑さの

●楽しいギター演奏

中で、ただ静かにゆったりと汗を流す、この時間の豊かさをうらやましく感じました。

◎動き続ける教育環境

ただ、このときは歌に入る前に、焚き火を囲みながらも、しばし深刻な表情が見られました。その原因は、教育委員会の方針で、現在6校ある小学校が2校に統合されてしまうかもしれないという、経済的な事情にありました。もしそうなると「今は1クラス12、13名のところが、30名学級になってしまうかもしれない」と言うのです。

そもそも、二つの学校に統合するといっても、教室が足りないし、その今ある教室も小さい。そこにすし詰めになった子どもたちに、どんな教育をすればいいのだろう…といった不安でした。でも、ただ不安に感じているだけではなく、教員同士の議論が、教育委員会に反映される仕組みもあるとのことで、先生方は決して諦めたり希望を失ったりしているわけではありませんでした。

ＰＩＳＡの結果などから、フィンランドの教育が随分注目されていますが、さまざまな社会情勢や世の中の動きと無関係ではなく、こうした状況の中でも良い方向性を探る努力をしているように感じられた、5回目のフィンランド訪問でした。

中国の子どもたち

　２０１１年の２月から３月にかけて、中国へ行きました。私にとって、人生で初めての中国訪問です。

　お邪魔したのは、遼寧省《りょうねい》の鞍山市《あんざん》というところで、中国北東部の冬はかなり寒さの厳しいところです。さすがに２月下旬でしたから、厳冬期とは違いましたが、それでも氷点下の気温で相当な寒さでした。

◎ＰＩＳＡの結果

　さて、中国といえば、今や経済大国として成長著しい国である一方、私たちにとっては、遠い昔から一番身近な国の一つです。そして、ＯＥＣＤ（経済協力開発機構）の、３年に一度の学力調査（ＰＩＳＡ）では、２０１０年の結果において大躍進したことが記憶に新しい国でもあります。10年前にフィンランドの調査に出かけたのも、同じＰＩＳＡの成績で、かの国が注目され始めたことがきっかけでした。

　もちろん、第一目的は子どもたちの学校や家庭・地域での暮らしの様子を、つぶさに観察することでした。そして同時に、自尊感情の調査も行ないました。最初にフィンランドに行った時と同様に、今回もローゼンバーグによって開発された10項目の自尊感情尺度を用いました。この尺度を使った調査は、すでにフィンランド、カナダ、台湾そして日本の4カ国で実施済みで、論文として発表もしています（「子どもの自尊感情の国際比較調査」『東海大学文学部紀要』第91輯、２００９）。

◎子どもたちの様子

いくつかの小学校と中学校、高等学校、そして大学で、児童、生徒、学生の皆さんとお会いして、印象に残ったことがいくつかあります。しかし、そうは言っても、残念ながら私は中国語がまったく分かりませんので、子どもたちの様子や態度、雰囲気などから感じ取ったことが中心になります。

最も強く印象に残ったのは、一言でいえばとても素朴で従順な子どもたちの姿です。高等学校（中国では中学と言います）に通う、2年生と3年生の何人かの生徒とは英語で話しましたが、素直に将来の夢を語る希望に満ちた様子には、感動さえ覚えました。

次ページの写真に写っているのは訪問当時3年生の生徒たちで、何人かはアメリカで1年間の留学経験もあり、流暢な英語を話します。彼女らは、すでに北京大学や精華大学に進学が決まっているとのことでした。

そうした、いわばエリートともいえる、優秀な生徒たちだからだったのかもしれませんが、明るく前向きな様子はとても好ましいものでした。夢と希望にあふれていて、素直で笑顔がまぶしい素敵な生徒たちでした。

この写真には男子生徒が一人だけ写っていますが、最初に教室から出てきて話をしてく

●高校３年生の生徒たちと筆者

れたのは、４人の女子生徒でした。

ひとしきり話した後で「君たちは、とても優秀で素敵だと思うけれど、女子ばかりだね。男子はいないの？」と私が言うと、この男子を呼び出してくれたのです。〝積極的で元気があり、好奇心が旺盛なのは女子〟というのは、日本の現状と似ているようにも思いました。

そういえば、生徒らと話をしたのは授業中だったのですが、案内役の副校長先生が教室に声をかけ、彼女らを廊下に呼び出しました。さらに、彼女らの一人が、私の要望に応えて何の躊躇もなく男子生徒を呼び出したときも、教室では授業が粛々と続いていたのは言うまでもありません。

そういったことからも、従順で素直な子どもたちという印象を受けたのです。

◎充実した施設

高校としては鞍山市立の２校を見学しました。一つは先に触れた鞍山市第一中学という遼寧省きっての進学校で、もう一校は鞍山市千山職業中学という職業高校です。いずれの学校も、まず驚いたのはその施設の規模の大きさです。

第一中学の校門（下写真）や校舎の威容、さらにはグランドの広大さと数百人収容の屋根つきのスタンドには驚かされました。また、千山職業中学の生徒寮の巨大さにも度肝を抜かれました（写真左上）。

●千山職業中学の生徒寮

●第一中学の校門

小学校も負けてはいません。鞍山市の中心部にある、鞍山市烈士山小学の立派さもなかなかのものでした。大学は、遼寧科技大学を訪問しましたが、その壮大さは言わずもがなです。私自身、スクール・カウンセラーでもありますから、特に興味深かったのが高校のカウンセリング・システムです。今回は、鞍山市第一中学に勤務するスクール・カウンセラーの先生に時間をいただきましたので、施設・設備を拝見しながら、少し詳しくお話をうかがいました。

近い将来に増員の予定があるとのことでしたが、今はお一人で２０００を超える生徒のカウンセリングをされているそうです。１年生の心理学の授業も担当しているとのことで、一コマだけ授業を見せていただきました。

その日は、スポーツや芸術、学問、政治など、さまざまな領域で大きな足跡を残した人々を、パワーポイントを使って紹介しながら、生徒に自分の夢を考えさせるという授業でした。まさに〝社会的自尊感情をどう育むか〟といった内容の授業でした。

ひと通り先生の話が終わると、一人ひとりで考えるように指示し、その間CDでゆったりとした音楽を流しているのが印象的でした。5分ほどすると、前後の生徒で4人ずつのグループに分かれ、グループ内でのシェアリングです。生徒たちは、それまでの静寂とは打って変わって、賑やかに楽しそうに語り合い、互いの夢に耳を傾けます。

5分ほどの喧騒ののち、先生が何人かを指名して前に出て発表するように促すと、実に積極的に生徒が次々と前に出てきて、大きな声で発表します。生徒たちは真剣に、そして時に笑顔を見せながら、発表者の話に耳を傾けていました。若い先生の技量にも感心しましたが、それ以上に、生徒たちの熱心さと積極性に、少しばかりうらやましさを感じた授業風景でした。

カウンセラーは、専任の教職員として勤務していて、授業時間以外はカウンセリング室（下写真）に詰めているとのことです。カウンセリング室は、校舎の1階にずらっと8つも並んでいます。それぞれが、複数の面接室のほか、診断室、資料室、ストレス発散室などになっていて、その施設と設備の充実ぶりには本当に驚きました（次ページ写真）。

●カウンセリング室でカウンセラーの先生と

◎光と影

中国を初めて訪問して、その強大なエネルギーの一端に触れたような気がしています。今回の記事ではポジティブな側面を中心に、印象に残ったことをご紹介しました。鞍山市という大都会の、光のあたる部分ばかりに目がいっていたようにも感じています。この世界には、光のあたる部分があれば、その裏には影の部分があるのが道理です。その両方で世界は成り立っているのでしょう。

●ストレス発散室

ただ、初めて訪れた見知らぬ地で、影の部分に目を向けることには工夫と努力が要ります。明るさに慣れた私の目では、暗い影の様子をはっきりと見ることはできなかった、というのが正直なところです。

マイアミと那覇または理論と実践

◎出張続き

２０１１年６月第３週は、４日間の日程で、沖縄本島、宮古島、石垣島をまわり、沖縄県の小・中・高等学校の養護教諭の皆さんとお会いしました。講演会の主催者である教育委員会の先生のお話ですと、沖縄県内のほとんどすべての養護教諭の出席があったとのことでした。「ＳＯＢＡ—ＳＥＴ」のことをお伝えできる、とても貴重な機会でした。

もちろん、ソーキそばセット（写真）も、おいしくいただきました。

●共同研究者のリード教授と

その翌週は、５日間の日程でアメリカ・フロリダ州のマイアミへ行ってきました。こちらは、毎年参加している死の教育とカウンセリング学会（ＡＤＥＣ《エイデック》：Association for Death Education and Counseling）での研究発表でした。いつもこの学会でお会いするアメリカの研究者たちとの再会だけでなく、日本から参加されている研究者とも、あらためてご挨拶する機会となりました。

2週続けての出張で、教育者の集まりと研究者の集まりに参加してきたことになります。そうした異なった場面に相前後して参加して、あらためて感じたことについて触れたいと思います。

◎ややこしい

たいてい出張の飛行機内では、映画を観たり音楽を聞いたりして過ごします。

このときは、たまたま聞いたお笑いチャンネルで、面白い番組に出会いました。ひたすら国語辞典を引いて、その記述をネタにする〝ユリオカ超特Q〟という芸人の漫談です。彼の話術が長けているのはもちろんですが、国語辞典でこれほど笑わされるとは思いませんでした。機内で笑い声をかみ殺すのに必死でした。

普通に考えると当たり前すぎて、辞書など引かないだろうと思われる語を引くのがコツのようです。一番印象に残っているのは「右」です。辞書には「南を向いたとき、西にあたるほう」とあると彼は言うのです。笑ってしまいました。確かに、手元の電子辞書の『広辞苑』を引いても、そう書いてあります。

ほかに面白かったのは「頭」です。「顔の上のほうにあって、髪の毛で覆われている部分」と書かれているそうで、髪のない彼は、「…ということは、自分の頭は頭ではない。それじゃあ何なんだ」と、自虐的な展開で笑いを誘っていました。

「右」は右と言ったらそれで分かるし「頭」は頭でしょうというように、互いの知識、経験、通念と、それらに基づく思考の体系からなるデータベースを使って、通常の会話は成り立っています。しかし、各人の知識や経験は一人ひとり異なっていますから、思い込みで会話をしていると、実は互いに違うことを考えていた、といった誤解に基づく摩擦が生じることもあります。

それも日常生活でのことなら、笑い話ですませられるでしょうが、学問上の議論となるとそうはいきません。そこで、厳密な定義が必要になってくるのですね。しかし、定義の理解には、一定の力が必要になってきます。たとえば「右」のように、定義を厳密（？）にしますと、そもそも「南」や「西」そのものの意味や、互いの位置関係が理解できていなければなりません。

現実の子どもたちを見たときに、「右」の理解と「南と西の位置関係」の理解では、どちらが先なのでしょうか…。子どもに「右」を教えるときに、まず「南と西の位置関係」を教えることは、実際的でしょうか。

◎理論と実践の橋渡し

理論と実践の不一致、研究者と教育者の考え方の齟齬や、それらの橋渡しの困難は、こうしたところにあるように思います。研究者は、厳密に定義した学術用語を組み合わせ、全体の整合性を重視して理論を構築していこうとします。しっかりと定義した言葉を、仮定法抜きの平叙文で構成して議論を展開していきます。そこには、（理想的には）一部の隙もない論述が進んでいきます。いわば、行間を読むことができない、そこに書かれていることがすべての、冷徹で客観性の高い文章です。

それに対して、教育現場で用いられる言葉は、児童・生徒の実態に即したものです。いわば、生きて流動的な子どもという存在を、いかに生き生きと捉えられるかに主眼があります。そうした言葉を組み合わせて事態を描きだすときには、可能性や推測や経験に基づいた文章が多用されます。いわば、行間に思いの込められた、血の通った主観的な叙述です。

いま、私たちに求められているのは、これら両極端をつなぎ合わせるような、「血の通った、しかし合理的な論述」です。自尊感情の研究を進める中で、私はこのことを、身をもって具体化することができたように感じています。

以前にも触れたように、教育の現場では、自尊感情も自己肯定感も自己有能感も自己有用感も自己効力感も、すべてが混然となって重なり合って使われていたように思います。それは、子どもの実際の姿が、それらの概念の一つだけでは説明しきれない、多面的な存在だからです。一方で、心理学の世界では、自尊感情は「自尊感情＝成功／要求」という単純な数式で定義され、その他の概念とは明確に区分けされていました。

そんな状況の下で、現場の先生方の思い描く自尊感情と研究者の考える自尊感情は―もちろん重なり合う部分も全くないわけではありませんが―議論を進めるうちに、矛盾を生じさせる元になってしまっていたのです。

◎「SOBA―SET」

我田引水のようなお話になってしまいますが、自尊感情を「基本的自尊感情」と「社会的自尊感情」の、二つの領域からなるものとする考え方は、理論と実践の橋渡しとなる画期的な考え方なのだと言えるでしょう（ほとんど、自画自賛ですが…）。

ただ、これまで何度も申し上げてきたように、これは私ひとりの手柄ではありません。まさに、理論と実践、研究と現場の共同作業によってできあがった理論です。できあがったものが、研究と教育という二つの領域を結ぶものなら、それを作る過程でも、両者が協働したのは当然だったと言えるでしょう。

とにかく、教育の現場でこれまで流動的・無境界的に使われていた、自尊感情、自己肯定感、自己効力感、自己受容感、自己有能感、自己有用感などの概念が、自尊感情との関係性を明らかにしつつ整理されたのです。誤解を招かないように確認しておきたいのですが、教育の現場で各種の概念が入り乱れて使われていたのは、先生方に落ち度があるわけではありません。生き生きと活動し、流動的で日々変化し成長する子どもを、単純な概念で一刀両断にはできないから当然のことだったのです。

また逆に、研究者が自尊感情を単純な公式で割り切ろうとしたのは、そうして概念を規定しておかないと、ほかの概念との峻別ができなかったからです。研究者が現場に一歩踏み出し、現場も心を開いて研究者を受け入れる。そうして、互いの本音をぶつけて真剣に共同作業に取り組むことで両者の橋渡しができ、「ＳＯＢＡ―ＳＥＴ」という大きな財産を得ることができたのです。

そういえば、マイアミの学会では、プログラムの切り替え時間を、スタッフがチャイムを鳴らしながら会場を歩きまわって知らせていました（写真）。厳密で機械的な全館一斉のブザーではなく、人が歩きながら、数分かけて会場内をふれて歩くのです。合理的に過ぎていく時間を、生身の人間がのんびりと歩きながら知らせて回る。客観と主観の融合を具現化したような、好ましい景色でした。

●スタッフが手動でチャイムを鳴らす

人生を変えるほどの出会い

◎書物との出会い

私はその昔、最初に入学した大学で、電気通信工学という工学の最新分野を学んでいました。高校まで、まったく勉強というものと縁のなかった私でしたが、電気の勉強はことのほか面白く、相当に打ち込んで勉強したと自負しています。

とりわけ、電気磁気学という領域に強く関心をひかれ、東京・新宿の大型書店で手に入る本をすべて買い集め、それらを読破し、自ら電気磁気学の本を書いたほどでした。本といっても、もとより手書きの稚拙なものではありますが、まえがきや目次はもちろん、本文には例題や練習問題も付け加え、「これを読めば、電気磁気学がすべて理解できる」などとまえがきに書いたりしました。そんな具合に勉強に打ち込んでいたある日、ある書物と出会いました。そして、その本のあるページに、私の人生を変えるほどの一文があったのです。それは、おおよそ次のような内容でした。

〜現在、科学の世界には、電気と磁気によって支配される空間の力関係を表す理論と、日常の生活空間の力関係を表す理論、そして原子の世界の関係を表す理論、という三つの理論がそれぞれ別個に存在している。それらを統一する理論（統一場の理論）は、いまだ誰も打ち立てることができていない。〜

そのような説明に続いて「それをやるのは君だ」と、その本に書かれていたのです。私は目の覚める思いでした。「そうか、それをやるのは僕なのか」…単純にそう受け取った私は、数学者になろうと考えて大学の編入を試みました。それは、結局失敗に終わったのですが、20歳のころのある書物との出会い、そしてそれをきっかけとした学問専攻の転向によって、その後の私の人生は大きく変わったのでした。

その後も、多くの書物との出会いがありました。ただただハラハラドキドキしながら読んだエンターテインメントとしての本もありますし、慰められたり、励まされたり、やる気にさせられたり、さらには人間の持つ勇気や愛や悲しみを教えられた本もあります。マンガもあれば小説もあるし、哲学書も専門書も単行本も文庫本も新書も雑誌も、どれもが大切な存在です。

本ほど、私たちの世界を豊かにしてくれるものは、ほかにはないのかもしれません。

そういえば、最近の若者は本を読まなくなったと言われて久しいのですが、私のまわりの大学生たちはとてもよく本を読んでいます。そうした学生の皆さんから教えられて読み始めた本も少なくありませんし、出合った本からたくさんの示唆を得たことも間違いのない事実です。

学生は教師から学びますが、同時に教師も学生から多くを学んでいます。教養豊かな教師と出会うことは学生にとって重要なことですが、刺激的な学生との出会いほど教師にとって幸せなことはありません。事実、SOBA―SETもそうした学生の一人と出会ったことによって、今日の形になることができたのでした。

◎学会での出会い

２００９年に実施されたアメリカの学会（The Association for Death Education and Counseling）に参加したときに『The Last Dance』という本と出会いました。正確に言うと、その本の二人の著者に会い、彼らからその本を手渡しで頂戴したのです。この本は、アメリカの多くの大学でデス・エデュケーションの教科書として使われています。初版は１９８３年で、２００７年の時点で、既に第8版が出されていました。

この分厚い書物には、世界中の葬儀や死にまつわる文化、風習、慣習などをはじめ、死の教育の各国における展開などが網羅的に書かれています。すでに中国語など、いくつかの言語に翻訳され出版されているそうですが、まだ日本語訳が出ていないそうです。ぜひ私に、その本の翻訳をして、日本で出版してほしいと依頼されました。

●『The Last Dance』の著者夫妻と

共著者であるニコニコと穏やかな笑顔のご主人と、大きな声で元気いっぱいのザンバラ髪の奥さんから、声をそろえて「近藤さん、ぜひ翻訳して出版を！」と迫られ、つい「分かりました、やってみましょう」と答えてしまったのでした。

帰国後、いくつかの出版社に当たってみたのですが、あまりの大作にどの出版社からもよい返事をもらえないまま、数年が過ぎていきました。２０１０年は都合がつかず、この学会には出席しませんでした。その1年後、参加するに当たって、彼らにはできれば会いたくないなあとひそかに祈っていたのですが、そうはいきませんでした。一応、日本での事情を話して納得してもらったのですが、分冊などの方法を講じることで、再度翻訳出版を試みることを約束してしまいました。現在までに、この本は第9版へと版を重ねていますが、本当によく読まれている名著です。

◎著者との出会い

先の本との出会いは、アメリカの学会の懇親会でのことでした。この学会は4日間開かれますが、そのうちの3日間は、毎晩懇親会があります。一日目の夜は会長主催、二日目は有色人種グループ主催、そして三日目の夜は本の著者主催という具合です。つまり、学会会期中は、夕食はすべて懇親会で間に合ってしまうのです。

それはともかく、三日目の著者主催懇親会では、多くの著名な著者たちと出会うことができます。数年前にはＰＴＧ（Post-Traumatic Growth）研究の第一人者である、カルホーン教授らと会うことができました。そして、カルホーン教授に、この分野の日本での第一線の研究者である、宅香菜子氏※を紹介していただきました。『The Last Dance』の著者

※宅 香菜子（たく・かなこ）：
現在、ミシガン州オークランド大学心理学部のアソシエイト・プロフェッサー。

たちにも、ここでお会いすることができたのは、言うまでもありません。

著書をディスプレイしたテーブルをずらっと並べ、著者たちが鎮座する様は壮観ですし、その彼らと気軽に言葉を交わす機会が得られるこの企画は、なかなかのものだと思います。いずれは日本の学会で、試みても良い方法かもしれません。

現存する著者との出会いは、こうした形で実現可能ですが、過ぎ去った時代の著者となるとそうはいきません。ただそれでも、そんな著者たちを身近に感じる機会が全然ないわけではありません。

例えばフロイトは、私が生まれる20年ほど前にこの世を去った人物です。それでも、ひょんなことから接点を見つけることができました。

かつて、古澤平作※という心理学者がおりました。彼はウィーンに渡って、フロイトの教えを乞うているのです。直接フロイトの指導を得た数少ない日本人の一人です。そのご子息に古澤頼雄という心理学者がおられますが、その方は私の大学の先輩なのです。間に二人を介して、私はフロイトとつながっているのですね。そして、フロイト↓古澤平作↓古澤頼雄↓近藤卓↓読者のあなた…という具合です。間に三人を介して、あなたもフロイトとつながりがあるのです。なんだか遠い存在だったフロイトが、身近に感じられませんか。

※古澤 平作（こさわ・へいさく／ 1897 〜 1968）：
1932 年ウィーン精神分析研究所に留学、1934 年精神分析クリニックを開業、1950 年より日本精神分析研究会を運営、1955 年には日本精神分析学会を創設し、初代会長となった。

走馬灯のように時は流れて

◎光陰矢のごとし、どころか…

光陰は「矢のごとく」…どころではありません。そんな甘いものではないのです。光の速度は３０万キロメートル／秒ですから、矢の速度とは比べものになりません。それにしても、人の人生とはそれほどに速いものだ、と喩えたのはどこのどなたか存じませんが、頭の下がる思いです。

とにかく、時間の経つのは速いものです。私自身、ついこの前、ハチマキをして小学校の運動会で校庭を走りまわっていたと思ったら、もう還暦を過ぎてしまっています。その間、高校生や大学生もやっていましたし、高校の教員として10年余りの間教壇にも立っておりました。今では、それらもすべて夢のようです。

１９６０年代の学生運動を踏まえて、土居健郎※先生が『甘えの構造』を著されたのが１９７０年でした。つい先日のように思い出されます。その土居先生も、２００９年の夏亡くなられました。土居先生を偲ぶ会では、たくさんの懐かしい方々とお会いしました。当時九州大学におられた北山修※先生とも言葉を交わす機会を得ましたが、その数日後に加藤和彦※氏が亡くなりました。享年62歳だったとのことです。加藤さんや北山先生たちのフォーク・クルセダーズが、１９６７年に「帰ってきたヨッパライ」で一世を風靡したのも、

※土居 健郎（1920～2009）：
日本の精神科医、精神分析家。東京大学名誉教授。著書『甘えの構造』は、日本人の精神構造を解き明かした代表的な日本人論として知られる。海外でも翻訳が出版されている。

※北山 修（1946～）：
日本の精神科医、精神分析家、臨床心理学者。九州大学名誉教授。専門は臨床精神医学、精神分析学である。大学時代、加藤和彦らと「ザ・フォーク・クルセダーズ」を結成し大活躍した。

私にとってはつい最近のことのようです。

原稿を書きながら窓外に目をやれば、深まりゆく秋に、落ち葉がはらはらと舞い落ちていきます。庭に降り立って、つぶやく一言…「ああ、諸行無常」。形あるものは、やがて消えていくさだめなのでしょう。

そんな思いを胸に、無心に落ち葉を掃きます。深まりゆく秋、落ち葉の山、心地よい疲労とほのかな空腹。気づくと、夕空に立ち昇る紫煙と、焼き芋の香り…。なんという幸福。この上ない満足。ついさっきまで深刻な思いや苦しみがあったのに、いつの間にか他のことで忘れてしまう…。

これが、私の典型的な「棚上げ」です。

◎好きになること、愛すること

新聞の人生相談コーナー（朝日新聞、２００９年10月31日）で、哲学者の森岡正博氏が、若い女性の問いかけに答えていました。その女性は「自分が好きになれない」ことが悩みだというのです。

氏に言わせれば「自分を好きになること」と「自分を愛すること」は違うのです。自分を好きになるということは、他者との比較で優越を感じられた時に生まれる感情で、「自分の長所に優越感を感じ、うっとりすること」だといいます。

そして、自分を愛することは、そうしたこととは無関係に自分を丸ごと受け入れる感情

※加藤 和彦（1947～2009）：
音楽プロデューサー、作曲家、ギタリスト、歌手。「ザ・フォーク・クルセダーズ」のほか、「サディスティック・ミカ・バンド」のリーダーとしても日本の音楽シーンをリードした。
※森岡 正博（1958～）：
哲学者で、生と死を総合的に探求する生命学を提唱、『生命の哲学』という新しい哲学ジャンルを生み出している。著書多数。

で、「自分の長所や短所やコンプレックスなどを全部ひっくるめた自分に対して〝私はいまのままの私でいていい、それで大丈夫〟と、心の底から思えるようになること」なのです。

つまり、人は良い点、優越した点だけを好きになる。それに対して、愛するというのは良い点だけでなく、悪い点も欠点もすべてひっくるめて受け入れることなのです。これは自分に対することに限らず、人との関係でも同じことが言えるかもしれません。人を好きになるということと、人を愛することの違いは、ここにあるのでしょう。

森岡氏の言葉は明快です。まず大切なことは自分を愛すること。そして、それさえできれば、自分を好きになることなど大した問題ではないと言うのです。そして、この問いかけをした女性は、既に十分自分を愛することのできる人だから、それに気づくことですべてはOKだと結んでいました。

自分を好きになることで生まれる感情は、私の言葉で表現すれば『社会的自尊感情』です。そして、自分を愛することで生まれる感情は『基本的自尊感情』だと言っていいでしょう。自分を愛することも、自分を好きになることも、その背景にある共通する感情は、自分を大切にする感情、つまり自尊感情です。森岡氏のように、自尊感情には二つの部分があることに、心ある多くの人が気づいています。そもそも、日本語では、日常用語としての「自尊」に、既に二つの意味が含まれていることは、41ページで指摘したとおりです。

それは、たとえば広辞苑を引いてみれば、すぐに分かることです。そこには「自ら尊大にかまえること、うぬぼれること」「自重して自ら自分の品位を保つこと」と、説明されています。つまり、前者は自分の中での閉じた感情ではなく、他者との関係での構えとしての意味があることを示していますし、後者は他者との関係で自分を高めたりするというよりは、自分自身の内的な基準に照らして、自分を保とうとする気持ちでもある、ということを示していると考えられます。

◎満足と不満足

このように、既に私たちは「自尊」の意味を正しく知っています。ただ、心理学者だけが、それをはっきりとした概念で明言化できずに、躊躇し続けています。それは、やはりウィリアム・ジェームズの呪縛から逃れられないからでしょう。

ジェームズは、自尊感情は成功（success）によって高まると、その著書『心理学原理』の中で言いました。この本は、１８９０年に刊行されました。つまり、１２０年以上にもわたって、ジェームズの主張は心理学の世界に影響を与え続けているのです。

その著作の第10章にある、自己意識（The Consciousness of Self）の中で、自分自身に対する情動として、ポジティブなものとネガティブなものを比較対照して列挙し、前者に自尊感情を含むとしています。

●表　自己の情動（Emotions of Self）

満足（self-complecency）	不満（self-dissatisfaction）
プライド　pride	謙遜　modesty
自負心　conceit	謙虚　humility
うぬぼれ　vanity	困惑　confusion
自尊感情　self-esteem	内気　deffidence
尊大　arrogance	羞恥心　shame
虚栄心　vainglory	屈辱　mortification
	悔恨　contrition
	汚名　obloquy
	絶望　despair

James（1989）The principle of　psychology. Dover Pubulications,Inc.pp.305-306 より筆者が構成

私は、それらを整理して表にまとめてみました。上の表を見ると明らかですが、ジェームズの定義によれば、自尊感情はプライドやうぬぼれなどとともに心に満足を与える、あくまでもポジティブな感情の一つの側面なのです。自分の短所やコンプレックスである、困惑、内気、羞恥心などのネガティブな感情は、心に不満を与える感情として、自尊感情とは別に整理されています。

先の森岡氏が言うように、こうした感情を含めて「コンプレックスを抱えたままの自分を肯定してあげること」が大切なのです。そして、それこそが自尊感情の基礎部分である、基本的自尊感情を形成することであると私は考えています。

◎棚上げ

ある人は、「いのち短し恋せよ少女」（「ゴンドラの唄」吉井勇作詞、中山晋平作曲）と歌い、またある人は『夜は短し歩けよ乙女』（森見登美彦※著・角川書店、２００６）と書きました。

※森見 登美彦（1979～）：
小説家。京都大学大学院修士課程終了。2006 年に刊行された『夜は短し歩けよ乙女』で、第 20 回山本周五郎賞を受賞している。

時間は瞬く間に過ぎていきます。嘆いても仕方がない。そういうものなのです。そこで、だからこそ、棚上げが大切な心の営みだと私は考えています。私たちは、人生という名の列車に乗って旅をする旅人です。重い荷物は網棚に載せて、人生の旅を楽しもうと思います。

自分には、長所もあるけれど短所もある。そんな自分を愛することです。そのためにも、棚上げが必要です。自分の中に、どうにもならない部分があるけれども、捨て去ることはできません。欠点であっても、それが自分の一部だからです。それを捨てることは、自分自身を捨てることになるからです。

だとすれば、それをとりあえず網棚に上げて、やはり人生という名の列車の旅を続けるのです。せっかくの、たった一度の旅ですから、道中を楽しみながら……。

幼児期の共有体験

インフルエンザが流行する冬場には、うがいと手洗いを促すポスターなどを、学校だけでなくオフィスや商業施設でもよく目にします。これも一つの健康教育活動だと思いますが、実際のところ、どれほどの効果が上がっているのでしょうか。

◎うがいと手洗い

ある幼稚園の研究大会の講演に呼んでいただき、紅葉の真っ盛りの頃、奈良へ行きました。昼食をご用意してもらっていたので、園長室でいただくことになったのですが、いつもの習慣でうがいと手洗いをしながら、ふと考えたのです。「そういえば、自分はいつのころから食前の習慣として、うがいと手洗いをするようになったのだろう…」

そこが幼稚園だったから、そんな考えがふと頭に浮かんだのかもしれません。そうなのです。考えてみれば、私のうがいや手洗いの習慣は、はるか60年近く前の、幼稚園生活で身につけたような気がするのです。

今とは違って、髭も生えていない可愛らしい（？）幼稚園児の近藤卓が、無心に先生の真似をしながら、うがいや手洗いをしていたのです。雑巾の絞り方や、雑巾掛けのしかた、鼻のかみかた、ハンカチを持つ習慣など、日常のこまごました、しかし大切な基本的な習慣などを、幼稚園でたくさん学んだような気がするのです。

そう考えると、インフルエンザの予防に有効だからと呼びかけても、大のおとなが突然うがいや手洗いをするようになるのか疑問です。少し下世話な話ですが、小用を足した後でさえ手洗いをしない男性諸君は、相当数にのぼると思われます。

高速道路のサービスエリアなどでは、場合によっては半数ほどの方々が流しを素通りして、澄ました顔でその場を離れて行かれるのを見ることができます。〝60の手習い〟ならぬ〝60の手洗い〟は、なかなか難しいのかもしれません。

◎心にしまった「宝物」

幼稚園児だった頃、私はどのように手洗いを身につけたのでしょうか。そんなことを考えているうちに、何年か前に書いた文章を思い出しました。少し長くなりますが、引用してみたいと思います。

〜わたしたちは、おとなから無数のことを教えられ、そして子どもにたくさんのことを教えてきた。数え切れない、星の数ほどの知識やものの見方、考え方を受け取り、そして伝えてきた。それは確かなことだと思われる。

では、ここで一つ極めて単純な問いについて考えてみよう。たとえば、なぜわたしはあなたを好きなのか、という問いに答えることができるだろうか。ある特定のあなたという人を好きになるということを、いつ誰がわたしに教えてくれたというのだろうか。

人を好きになるということは、人生においてもっとも大切なことの一つだと思う。しかし、ではなぜわたしはあなたが好きなのか、それは考えてもわからない。さらにいえば、「好き」ということがどういうことなのかも、教えられた記憶がない。しかし、「好き」という現実は疑いようがなくわたしのうちにある。

おなじように、教えられた覚えもないのに、「きらい」という感情もいつのまにか、わたしのうちに棲みついている。「うれしい」も「楽しい」も「悲しい」も「怖い」も「不安」も全部そうだ。

要するに、あらゆる感情は、いつの間にかわたしのうちにある。では、どのようにしてそれらの感情のありようを、わたしたちは自分のものにしえたのであろうか。それは、知識を伝授されるように教えられ、そして学んだのではない。身近な誰かの「うれしい」という感情を、その人と共有することによって、「うれしい」がわたしのものとなったのである。

幼いころの身近な誰か、つまり両親やそれにかわる養育者との共有体験は、そうした意味で子どものものの感じ方に、大きな影響をあたえるだろう。〜

（近藤卓「「いのちを教える」ということ」『児童心理』金子書房刊　２００５年２月号）

ここで私が言いたかったのは、私たちにとって大切な感情や事柄は、知識の伝達のように一方向的に教えることはできないのではないか、ということです。本当に大切なことは

〝好き〟という感情がそうであるように、言葉にすることができません。言葉で説明することができないのです。

では、どうするか。それは、体験的に伝えるしかないのです。そして子どもは、共有体験で学ぶしかないのです。

〜「うれしい」とき、人は体を大きく伸ばす。腕と足を伸ばし、手の平を広げる。目と口を大きく開く。瞳が輝く、声が出る。その人とともにそこにいるとき、子どもも思わず目を輝かせ口を大きく開き、身体中を大きく伸ばし思いを共有する。「悲しい」とき、人は背を丸め、体を小さく縮める。手足は力をなくし、目も口も閉じてしまう。身近な人がそうしているとき、子どもの体も小さく縮み、手足の力は抜けてしまう。

こうして、心と体と子どもの存在のすべてが誰かと響きあい共振して、その思いが子どものものとなったのである。〜（近藤卓、前出）

◎共有体験の意味

幼いころの共有体験をとおして、私たちは人生における最も大切なことをたくさん身につけました。しかし、普段そのことを意識することはありません。なぜそれを理解し身につけたのか、つまり肝心の共有体験そのものについては、無意識の底に沈んでしまって思い出すことはありません。ただ、それこそ無意識の内に身体が反応して、不思議なことに態度や行動だけがそのようになってしまうのです。つまり、幼児期の共有体験は、無意識の底に沈んだ「宝物」なのです。

思春期・青年期の共有体験にも、幼児期の共有体験と同じように、なにか新しい大切なことを身につけるための意味があります。しかし、もっと重要な意味は、幼いころの共有体験を追体験し、磨き上げ、より強く輝きのある「宝物」に仕上げるところにあるのだと思います。

●表　共有体験の意味

幼いころの共有体験
〈心の奥底（無意識）に大切にしまわれる「宝物」〉
↓
思春期・青年期の共有体験
〈「宝物」を何度も追体験して磨き上げる〉
↓
おとなになってからの、いつか、誰かとの共有体験
〈未来への希望、生きる力、生きる意欲〉

◎共有体験が将来の希望の核となる

そうして、無数の共有体験を繰り返して磨きあげられたとき、それは将来への希望の核となって、私たちを支えてくれるのです。スクール・カウンセリングで私が実践していることは、まさにこのことです。

本人は忘れているかもしれません。無意識の底に沈んでいるので、思い出すこともできません。でも、絶対に、確実に「宝物」はあるのです。もし「宝物」がまったく存在しないとしたら、その人は一秒たりとも生きてはいけないでしょう。映画『千と千尋の神隠し』で銭婆もこう言っていました。「あったことは忘れたわけじゃないの。思い出せないだけなのよ」

それほどに人間というものは、弱くはかない存在です。しかし逆に、ほんの僅かでも、幼いころの誰かとの共有体験の「宝物」があれば、それだけで生きていけるのです。だからこそ、目の前にいる打ちひしがれた彼や彼女と、カウンセリング室で共有体験を追体験してもらうのです。

そうすることで、少しずつ無意識の底に沈んだ「宝物」が磨かれ、その存在が大きなものになっていきます。そして、やがてそれが、生きる力、生きる意欲を生み出すことになるのです。

●路面電車の車体の「グッとくる」言葉

誕生

◎人間も動物だ

かつて、嫁いだ娘が、初めての子どもを妊娠し出産した頃は、大学病院の産婦人科病棟に、毎日のように通っていました。とは言っても、当時勤務していた大学の附属病院でしたから、通勤の延長のようなものだったのかもしれません。病棟でお会いするのは、若い親たちと幼い子どもたちばかりです。時折、私のように祖父母と思しき人たちもいますが、全体の平均年齢はおそらく20歳にも満たないでしょう。

30年以上前、私の娘が誕生した時にも感じたことですが、人間も動物であること、そして、とても〝原始的〟で〝アナログ〟な存在なのだと、改めて思います。科学技術の進歩で、どこへでも行けて、なんでもできて、どのようなものでも作れてしまう。

しかしそれは錯覚で、所詮人間も動物なのです。人間から人間が生み出される。しかも親たちの、さらには祖父母たちの遺伝子を引き継いだ子どもが生み出される。当たり前のことですが、今さらのように人間の〝動物らしさ〟を実感したのです。

犬は犬を産み、人間は人間を産む。20年近く前に、我が家のリビングで6頭の子犬が誕生しました。当時6歳だった黒いラブラドール・レトリーバーの母犬から、全身真っ黒な子犬が6頭次々と顔を出しました。妊娠中の超音波検査では4頭だと言われていましたの

●勢ぞろい―母犬と６頭の子犬たち

で、４頭目が顔を出した時には、やれやれ御苦労さんと母犬に声をかけました。

しかし、母犬は私の言葉が分からないかのように―彼女は私の言葉を理解しているはずでしたのに―なお苦悶の表情です。結局、あれよあれよという間に、残りの２頭が顔を出したのでした。そのとき、動物はすごいと思いました。顔形や色まで母犬にそっくりな子犬が、６頭も出てきたのですから…。そして我が子を振り返ってみれば、親にそっくりな人間の赤ん坊が出てきたのです。大いなる驚きです。奇跡です。

◎誕生―ウェルカム

〝誰でも言われたはず　生まれてくれてウェルカム〟と歌い上げる素敵な歌があります（中島みゆき※作詞・作曲『誕生』）。この世に生まれ出る子どもは誰でも、かならず一度は「ウェルカム」と言われたはずです。そうでなければ、一秒たりとも生きてはいけません。それほどに、人は寂しが

●ミルクをせがむ２頭の子犬

※中島 みゆき（1952～）：
シンガー・ソングライター。これまで 40 枚以上のアルバムをリリース、数多くのヒット曲を生み出している。1999 年には文部科学省の国語審議会委員に選ばれるなど、幅広い分野で活躍している。

りやです。

前項でも、このことに触れました。

そこでは「思春期・青年期の共有体験にも、幼児期の共有体験と同じように、なにか新しい大切なことを身につけるための意味があります。しかし、もっと重要な意味は、幼いころの共有体験を追体験し、磨き上げ、より強く輝きのある『宝物』に仕上げるところにあるのだと思います」（146ページ参照）と書きました。

そして、そのことを私のカウンセラーとしての立場で、カウンセリングの意味と結びつけて述べました。しかしこのことは、カウンセリングだけでなく、保健室での健康相談活動についても、同じように言えるのではないかと思うのです。


つまり、健康相談活動においては、健康の維持増進や疾病の予防に関して、重要な情報を伝達したりする健康教育的な意味が、当然のことながら欠かせません。しかし同時に、そうした活動をとおして、養護教諭と児童・生徒の間に形成される関係性の重要さも看過できません。また逆に、信頼感を基礎にした関係が構築されていなければ、情報の伝達や健康教育も有効ではないでしょう。

要するに、これらは車の両輪と同じで、どちらがなくても成り立たないのです。

繰り返しになりますが、カウンセリングでも健康相談活動でも、単に知識や情報を伝達しているわけではありません。ともに〝健康という一つの目的を持って進んでいる〟との実感を、児童・生徒がもてなければ、あらゆる相談的な活動は成り立ちません。

カウンセラーや養護教諭から、何かを伝えようとするだけの一方通行の関係では、そもそも知識も情報も伝わらず、当然のことながら行動変容も起こりえないでしょう。

実は、こうした事情は、教室での授業でも同様です。教室での授業でも、児童・生徒と教師の信頼関係は不可欠です。ともに学問の真理に向かって進むものとして、教室に集うすべての児童・生徒と教師は、同じ方向に向かって進んでいかなくてはならないからです。ともに歩み、ともに苦しむ中で、一つの到達点に達したとき、同じ喜びを分かち合うことができます。つまり、同じ教室で学ぶ児童・生徒と教師は、そこで共有体験をすることになるのです。

◎生まれてくれてありがとう

さて、「生まれてくれてありがとう」という言葉には、どのような意味があるのでしょうか。

子どもたちは、おとなたちとの共有体験をとおして、さまざまなことを身につけます。さまざまなことを身につけるという目的の遂行をとおして、共有体験という温かい贈り物を受け取ります。それは一生を通じての宝物になります。

何度も触れてきたように、幼いころに得たそうした宝物を、小・中学校や高等学校での授業などの学校生活をとおして磨き上げ、強固なものにしていきます。それが、自尊感情の基礎をなす、基本的自尊感情の元になっていきます。

では、おとなにとって、子どもとの共有体験にはどんな意味があるのでしょうか。

私は、子どもの場合とまったく同じ意味があると考えています。子どもを育て、教え、導いているように見えて、じつはそうした行為をとおして、共有体験をしているからです。言うまでもありませんが、共有体験とは、互いに対等な関係で同じ目的に向かい、いわば二等辺三角形を形成するような関係で成り立つものです。

子どもとおとなは、対等な立場で並ぶ関係を形成して、同じ目的に向かっているのです。それが共有体験が起こる状況です。その際、子どもが温かい贈り物を得ているとしたら、当然おとなの側も同じだけの宝物を受け取っているはずです。そこに子どもがいるから、おとなは共有体験ができたのです。そして、温かい宝物を受け取れたのです。

だから、「生まれてくれてありがとう」なのです。

忘却・記憶・均衡

◎忘却の「力」

人間の持つ極めて重要な能力の一つが、忘却でしょう。今どきのはやりの言い方なら「忘却力」といったところです。人は〝初心を忘れるな〟と、慣れによる手抜きや怠慢を戒めます。また、どれほどに大変な事態でも〝喉もと過ぎれば熱さを忘れる〟と、自分を慰めます。

つらいことや苦しいことを、忘却によって乗り越えていきますが、残念なことに楽しいことや嬉しい気持ちも、私たちは記憶の彼方に押しやります。しかも、彼方に押しやると言っても、どこか手の届かないところにやってしまうのではなく、割合手近なところ―心理学的に言えば前意識のあたり―にとどまっているのです。

前意識は無意識ではありませんから、思い出そうとすればわりとたやすく思い出せますし、思い出そうとしなくても、ちょっとしたきっかけで意識の表に顔を出します（下図）。

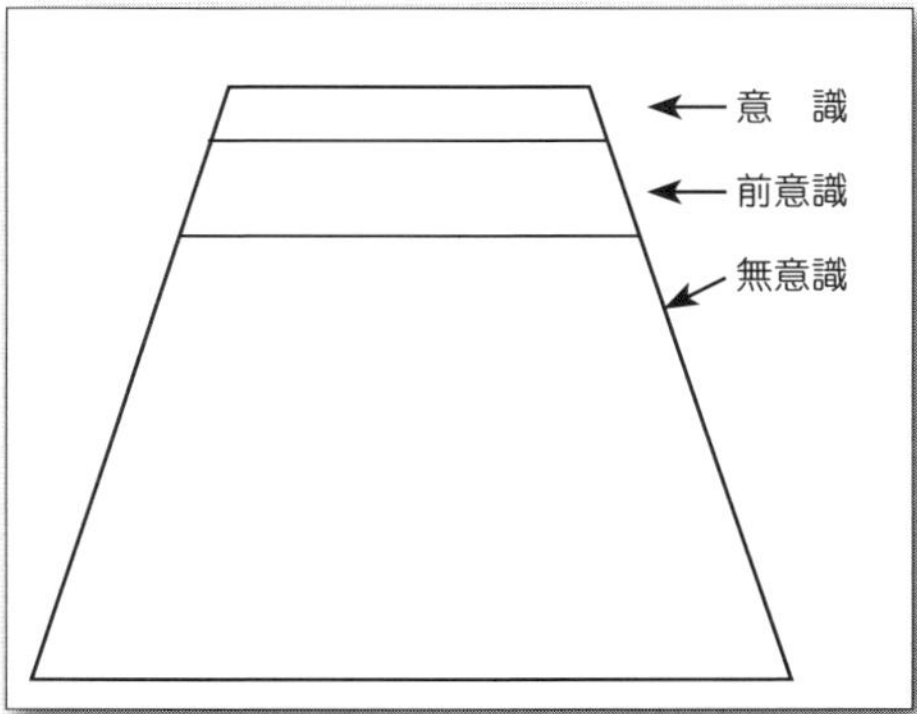

●図　意識・前意識・無意識

笑い話のようですが、私は空腹時に、意味もなくむなしさを感じることがあります。このことに気付いたのは、わりと最近のことで、おそらく40歳を過ぎてからだったように思います。若いころから、なぜかときどき諸行無常を感じ、むなしさが胸をざわめかすことがあったのですが、その原因を知ることもなく、いつも自然に平常に戻っていました。

ところが、それが実は空腹によるものだったと分かったのが、人生を40年もやってからのことなのです。それまでは、自然に平常に戻っているように感じていましたが、そうではなくて、その都度恐らく食事をしたり、おやつを食べたりしていたのだと思います。なんと、鈍感なことでしょう。もちろん、それ以前に、実体験としてのむなしさの感覚を持っていて、それが前意識にしまわれているから、それがちょっとしたきっかけ（この場合は空腹）で思い出されるのでしょう。

こう考えてくると、忘却の能力はただ忘れるだけでなく、ちょっとしたきっかけで使用可能な状態にしまわれている、というところに重要なカギがあるのかもしれません。コンピューターのメモリーのように、すっかり削除されてしまうのとは違うのですね。

◎記憶の力

記憶の力は、相当に重要だと思われています。特に、学校の勉強においては、記憶力の差が決定的に進路を左右することも少なくありません。

論理的な思考力や推論の力よりも、記憶力が優れているだけで、確かに学校ではずいぶん得するような気がします。入学試験でも、記憶力が優れていれば、割合と良い成果を上げることができるのではないでしょうか。その逆に、記憶力が優れていないので、これまで損ばかりしてきたと嘆いている人が、私のまわりにも少なくありません。

しかし、本当にそうでしょうか…。確かにある程度の記憶力は必要でしょう。ある程度というのが曲者ですが、相当程度ではなく、あくまでもある程度なのです。相当程度ということなら、当たり前ですがコンピューターにはかないませんし、また私たちにそれほどの能力は必要ないのです。

ある程度の記憶力があると、生活に困ることはありません。むしろ能力がありすぎるより、適度なほうが良いとさえ思うのです。記憶力がありすぎると、それに頼ってしまって、思わぬ失敗をしてしまうことがあります。人間というのは、忘れてはいないのですが、覚えていても思い出せない、ということもあるからです。

例えば、私自身はある程度の記憶力の持ち主ですから、もちろん相当程度忘れてしまいます。したがって、記憶を助けるために、さまざまな形でメモやノートに記録を取ることを習慣にしてきました。こまめにノートを点検すれば、覚えていることを再確認できますし、忘れていても思い出せます。

ちなみに、記憶力がある程度しかなくて、だからそのために学校の成績が上がらないという学生に対して、私は次のような話をしています。

～「一度だけ話を聞いたり、本を読んだりしただけで、大半が頭に残るという人は、恐らく千人に一人か、一万人に一人くらいだと思う。多くの人々は、何度も何度も繰り返して本を読み、辞書を引き、ノートを取り、そうして理解を深め、記憶にとどめる努力をしているはずだ。私自身は若い頃に、どんな本も13回繰り返して読めば理解ができて身につくという話を、人から聞いた覚えがある。そこで、私も同様に実践してみたが、大概は5回ほど繰り返して読むと、結構身につくことが分かった」～

この話をした後で、成績が上がらないという学生に、教科書を何度くらい読んだかとたずねるのです。おどろくべきことに、多くの学生は一度でさえ教科書を通読していないのです。小学生、中学生、高校生の頃から、教科書を繰り返し通読するという習慣を身につけることは、大切なことではないかと思われます。

私が40年ほど前に身につけたもう一つの方法は、梅棹忠夫※先生ご推薦の「京大式カード」の活用でした（『知的生産の技術』岩波新書、１９６９）。たまたま良いアイデアが浮かんでも、記憶力がほどほどですので、すぐに忘れてしまいます。梅棹先生が提案したのは、何気ない思いつきや発想のヒントを、すべてカードに書きためておく方法でした。そして、たまったカードを読み直し整理する中から、私はまた新たな発想をつかみ、論文を書いたりしてきました。

※梅棹 忠夫（1920 ～ 2010）：日本の生態学者、民族学者。国立民族学博物館名誉教授、京都大学名誉教授。日本における文化人類学のパイオニアとして知られる。

◎均衡の大切さ

ありきたりな結論のようですが、結局のところ、適度に忘れ適度に覚えるという、バランスが大切なのではないでしょうか。いい具合に釣り合いのとれていることが、望まれることなのでしょう。

釣り合いといえば、社会心理学でよく知られた理論に、ハイダーの均衡理論というものがあります。下の図をご覧ください。ここにA、B、Cの三人がいるとします。三人のそれぞれの関係が、好意（＋）であるか嫌悪（－）であるかによって、全体としてそれらを掛け合わせた符号がプラスになるように関係が動くというものです。

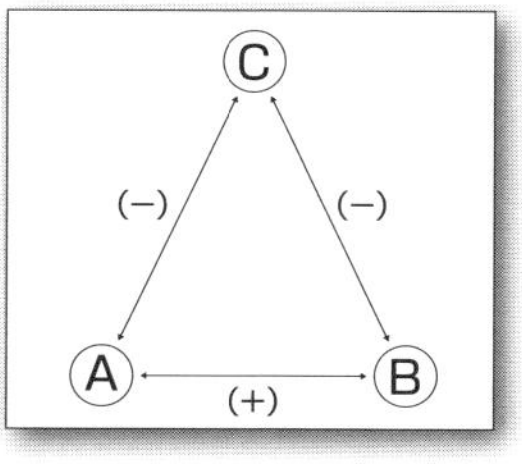

●図　ハイダーの均衡理論

たとえば、AさんとBさんは仲が良い（＋）とします。その時、AさんがCさんを嫌っている（－）ならば、もしBさんがCさんを好き（＋）だと全体でマイナスになってしまいますから、全体としてプラスになるようにBさんもCさんを嫌う（－）ようになるというのです。

ハイダーの理論で、原象徴的三角形のことも説明できます。たとえば、母親は子どもを愛していて（＋）、猫をかわいい（＋）と思うと、子どもは猫に対してプラスの感情（＋）を抱くことで全体が＋になります。もし、母親が猫をかわいいと思わない（－）ならば、子どもも猫を嫌い（－）、全体としてやはりプラスになろうとします。

要するに三者の関係が、全体としてバランスをとるように、互いの間がプラスになったりマイナスになったりするということです。

記憶と忘却の話に戻りますが、ここでも重要なのはバランスです。すべて忘れてしまうのでは困りますが、全く忘れないのも困ります。つらさや苦しみは忘却の力で忘れていきたいですし、楽しかったこと全部を忘れてしまうのは耐えられません。大切なのは〝ある程度の忘却〟なのですね。

逆に言えば、すべてを記憶しているのも苦しくてたまりませんし、だからといって、何もかも覚えていないのもどうかと思います。やはり、大切なのは〝ある程度の記憶〟なのです。

共有体験の意味と内容

◎共有体験

ウィリアム・ジェームズが自尊感情を定義した１８９０年は、日本でいえば明治時代の半ばです。繰り返しになりますが、今から１２０年以上も前のアメリカで、彼は『心理学原理』という大著を著し、自尊感情を成功の関数として定義したのでした。そのおかげで、自尊感情が心理学の重要な概念の一つとなり、そのことで私たちの心のありよう（自己意識）に関心が向けられることになったのだと思います。

ただ、このことで一つの問題が生じました。それは、自尊感情を高めるための方法として「成功体験を積ませる」とか「うまくやり遂げたら誉めるとか認める」といったことだけに、私たちの目が向くようになってしまったことです。つまり、私の言葉で言えば、社会的自尊感情にばかり、力点を置くことになってしまっているのです。

しかし考えてみれば、19世紀末のアメリカでは日常の共有体験が豊富にあり、そうした共有体験によって、知らず知らずの内に基本的自尊感情は育まれていたのかもしれないのです。そうした中で、社会的自尊感情を高めることが、時代的に必要とされていたのかもしれません。

ありきたりの結論ですが、文化や社会、そして生活の仕方の変化を念頭に置かないと、自尊感情を議論することはできないのです。

◎子どもの共有体験

それでは今、子どもたちの共有体験はどんな状況なのでしょうか。

こんな素朴な疑問から、２００８年から２００９年にかけて、日本とフィンランドの子どもの共有体験を調べることになりました。もちろん、基本的自尊感情を育む大切な体験だと私は考えていますから、ＳＯＢＡ‐ＳＥＴ（Social and Basic Self Esteem Test）とセットで調査をしました。

結果の一部は、２００９年11月に沖縄で行なわれた日本学校保健学会で発表し、全体については拙著『自尊感情と共有体験の心理学—理論・測定・実践（金子書房、２０１０）』に収録してあります。ここでは、そのうちの共有体験の部分について紹介します。

まず、下の表をご覧ください。全部で10項目からなる共有体験評価シートによって、子どもたちの日常生活における共有体験を測定しようと意図

1．夕食を家族と一緒に食べています。
2．家族で買い物に出かけます。
3．家族で食事に出かけます。
4．授業以外に、先生とおしゃべりをします。
5．放課後、友だちと遊びます。
6．休みの日、友だちと遊びます。
7．家族でおしゃべりをします。
8．家の中より、外で遊ぶほうが好きです。
9．小さいころからよく外で、家族と一緒に遊んでいます。
10．近所の人とおしゃべりをします。

されています。これらの項目は、ベネッセ教育研究所や内閣府による各種調査などを参考にすることで「家族」領域、「友だち」領域、そして「地域社会」領域の項目を抽出しました。ただし、ここで調べているのは日常生活の実態調査のようなもので、けっして共有体験そのものを調べたわけではありません。

共有体験とは、「身近な信頼できる人と体験を共有し、その際に同時に感情も共有する」ような体験だからです。ただ、日常生活で家族や友人あるいは地域の人たちと、話したり食事をしたり遊んだりする体験、つまり「体験の共有」においては、おそらく「感情の共有」の機会も多く含まれているだろうことが想像できます。

ちなみに、調査結果の分析からは、共有体験評価シートの10項目と基本的自尊感情には、有意な関連が見出されました。

◎日本とフィンランドの子どもの共有体験

さて、日本とフィンランドの子どもの共有体験を比べてみると、どうなったのでしょうか。2枚の図（次ページ）をご覧ください。

日本でもフィンランドでも大きな違いがなく、かつ比率の高いのは「夕食を家族で一緒に食べる」という回答です。実に、95％前後の高い回答率となっています。具体的な頻度などは聞いていませんが、4件法で「4．よくある」「3．ややある」「2．あまりない」「1．ない」のうち、4と3を加えた数ですから、日本の子どもたちも意外に多いのだな、というのが実感です。

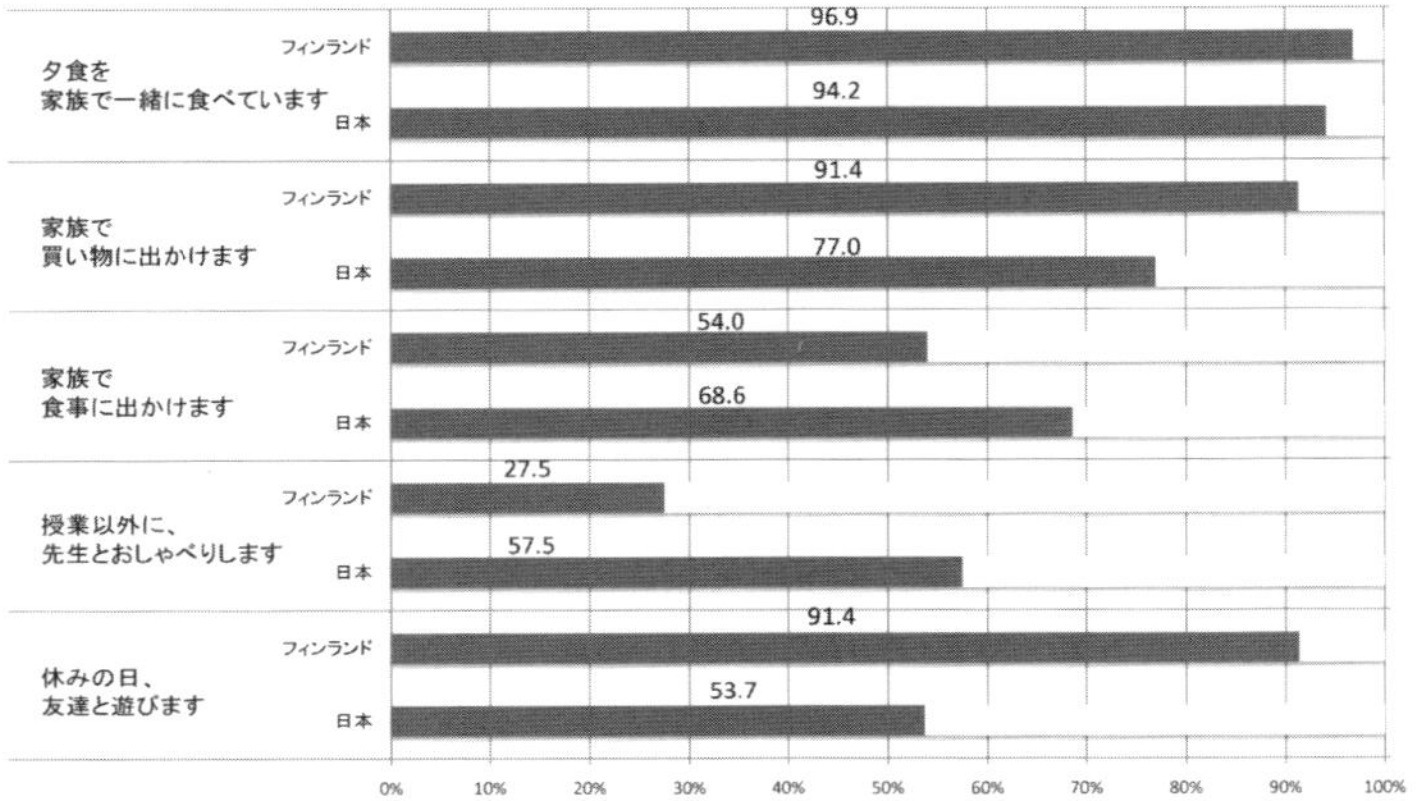

●図　共有体験２国間比較（1）

「よくある」「ややある」と回答した人の割合。対象数　日本 998 名、フィンランド 291 名

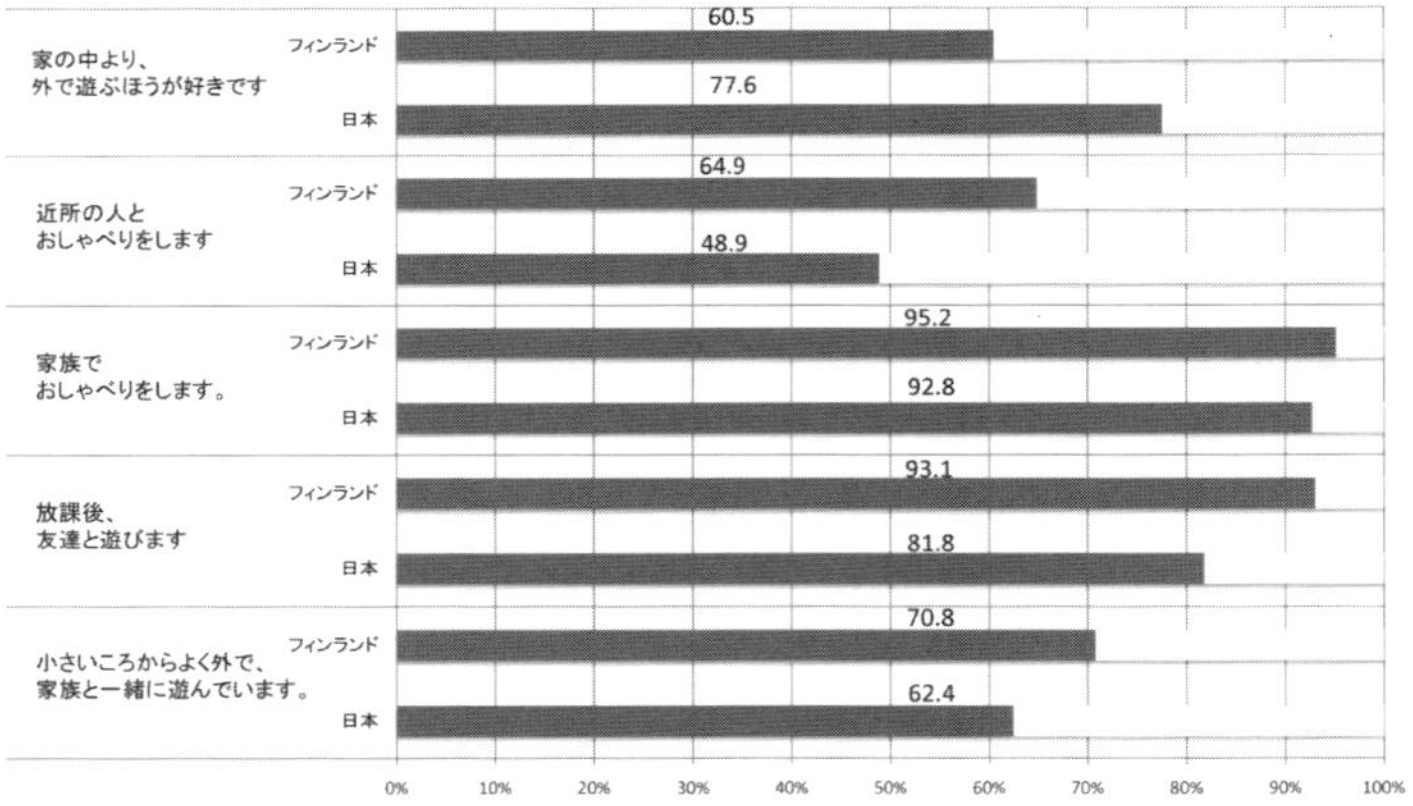

●図　共有体験２国間比較（2）

「よくある」「ややある」と回答した人の割合。対象数　日本 998 名、フィンランド 291 名

フィンランドでは、多くの家庭で両親は4時退社―ちなみに教員は3時下校―ですから、家族で夕食を食べるのが当たり前で97%という数字は大いにうなずけます。しかし、日本の比率が94%強というのは意外でした。ただ「家族で」といっても、父親は含まれていない可能性が高いようにも思うのですが…。

家族との食事と同じように、両国で比率が高かったのは「家族とおしゃべりをする」と「放課後、友だちと遊ぶ」でした。いずれもフィンランドのほうが比率がやや高いのですが、統計的に有意な差ではなく、誤差の範囲でした。

しかし、大きくフィンランドに差をつけられているのが「休みの日に友だちと遊ぶ」でした。おそらく塾や習い事、スポーツクラブなどで忙しい日本の子どもたちにとって、休日に友だちと遊ぶヒマなどないのでしょう。

逆に、フィンランドに大きく差をつけた項目もありました。それは「授業以外に先生とおしゃべりをする」です。授業以外におしゃべりをするといえば、休み時間や放課後でしょうが、早朝から夜遅くまで学校内にいる日本の先生方と違って、フィンランドでは授業時間以外に先生を捕まえるチャンスのないことが、この結果の理由ではないかと考えられます。

フィンランドの先生方は、小学校でも授業に合わせて登校しますし、授業が終われば帰宅してしまいます。たとえば、担当の授業が2時間目からだったら、先生はその時間にやってきます。そして、ほとんどの先生が、遅くとも3時までには下校してしまうのです。授業時間以外におしゃべりをしようと思っても、先生が不在ではそれもかないません。

◎所変われば…

　このように、フィンランドと日本の子どもたちの調査結果を比べてみて、いろいろと面白いことが分かりました。ほかにも「外で遊ぶほうが好き」なのは、むしろ日本の子どもたちのようですし、「家族で食事に出かける」のも日本の子どもたちのほうが多そうです。ただ、この調査は3月（昼間でも氷点下の寒さ）に実施しましたので、さすがに「外で遊ぶのが好き」とは答えにくかったのかもしれません。また、調査対象地域は、森と湖に囲まれた自然豊かなところでしたから「家族で食事に出かける」のは1年に何度もない特別な出来事だったに違いありません。

　というわけで、バックトランスレーションを施して、国際比較調査としては意味内容に違いがないように配慮しましたが、そもそも社会環境や自然環境の違いからくる生活実態の違いを考慮に入れないと、どちらの国の子どものほうが共有体験が豊かだ、などとは一概に断じられないだろうというのが、今回の結論です。

　これからも、研究はまだまだ続けていかなくてはならないと思っています。

自尊感情と自己肯定感・自己受容感・自己効力感

◎自己肯定感？　自己効力感？

では、ここで自尊感情の周辺事情を、もう一度整理し直してみたいと思います。というのも、児童生徒の自尊感情の低さや弱さを感じているとおっしゃる小・中学校や高等学校の先生方とお話をすると「自尊感情って、結局、自己肯定感のことですね」とか「自己受容感と言い換えてもよいのではないでしょうか」や、さらには〝自己効力感〟と取り違えて理解されている場合さえあるからです。

当然のことながら、ある概念を用いて議論をしたり、さまざまな事象を整理し分析・考察するとき、その概念の定義は極めて重要です。ところが、教育の現場では自尊感情の定義が定まらないまま、混乱して議論が行なわれることが多々あります。自尊感情について、まとまった本を書こうという気になったことの一因は、これではいけないという老婆心からだと言っても過言ではありません。

そして、すでに本書では何度も登場してきている『自尊感情と共有体験の心理学―理論・測定・実践』（近藤卓著・金子書房、２０１０）を上梓しました。

ところが、できあがった本を改めて一読してみると、そのあたり―つまり、自尊感情の周辺事情―が、あまり明確にできないままになっていたことに気がつきました。この本の最初の企画書の日付を見ると２００７年８月ですから、２０１０年３月に出版されるまでに２年半かかっています。そんなこともあって、紆余曲折を経て、当初計画した内容をすべて網羅できずに、いつのまにかそのあたりが手薄になってしまったようです。

言い訳がましいことまで書いてしまいましたが、拙著で手薄になってしまった部分について、少しばかり補強してみようと思います。

◎自尊感情と外的環境

まずは、次ページの図をご覧になってください。この図は、自尊感情を基本的自尊感情（ＢＡＳＥ）と、社会的自尊感情（ＳＯＳＥ）からなるものと考えた上で、それらと関連する、あるいは影響をあたえる概念や事象をまとめたものです。

大きな円の内側は心の内面をあらわし、外側が人間関係や社会的な関係をあらわしています。自己評価、自己肯定感、自己受容感、自己効力感などの言葉が、円の内側の自尊感情の周辺に記されていることにご注目ください。

また、円の外側には、賞賛、圧力、挑戦、無条件の愛と無条件の禁止、基本的信頼、そして共有体験があります。

ちなみに、自己肯定感、自己受容感、自己効力感などの概念は、複数の研究者らによって検討され、それぞれを測定する尺度も複数開発されています（例えば、堀洋道監修、山本真理子編『心理測定尺度集Ⅰ ～人間の内面を探る〈自己・個人内過程〉～』サイエンス社、２００１）。拙著では、それらを自尊感情と明確に区別し、整理して、それぞれの関係性を明確にしようと試みたわけです。

まず、図の上のほうから見てみましょう。

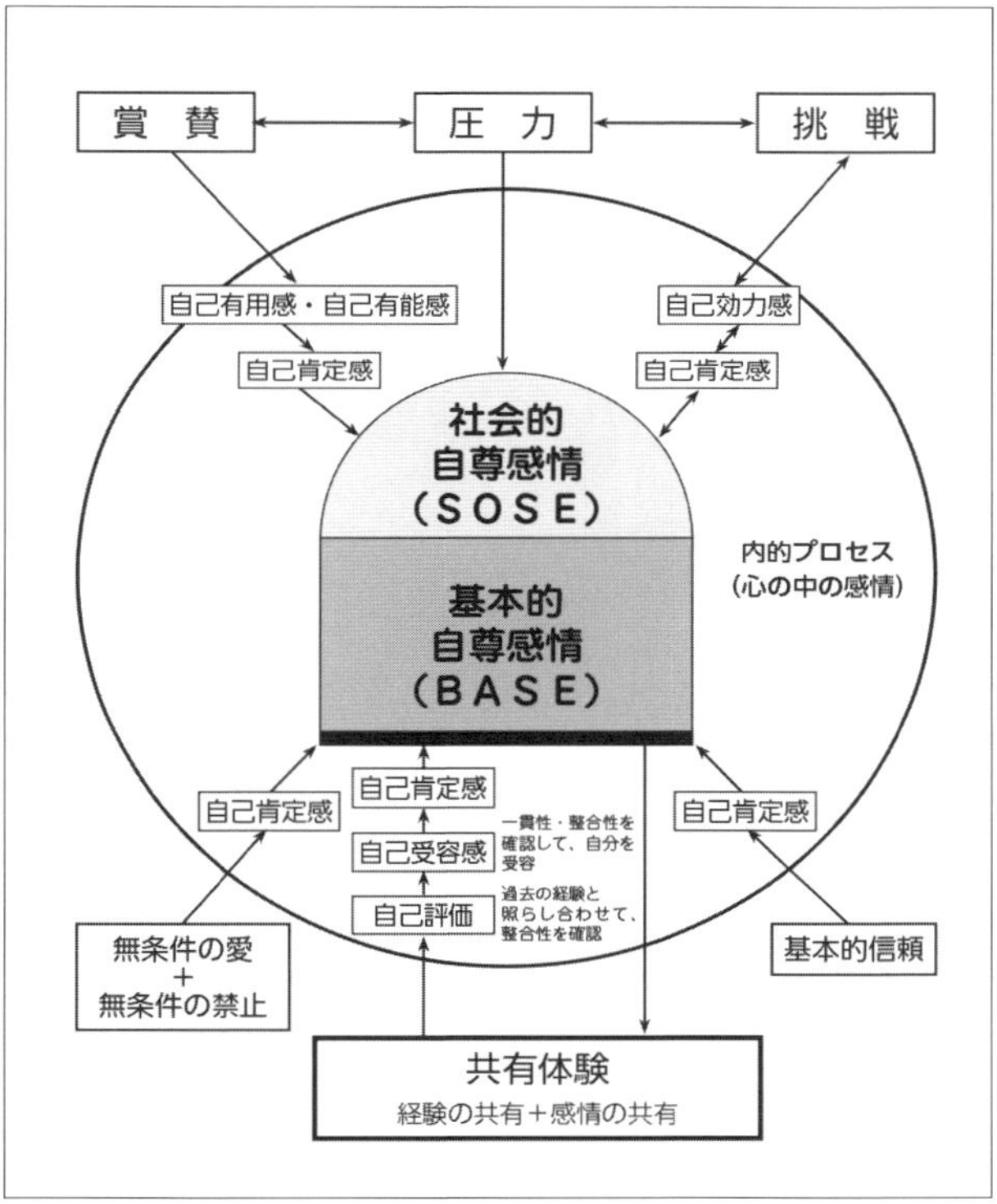

●図　共有体験と内的プロセスモデル

（近藤　卓「自然の中の運動遊びと精神発達」『体育科教育』第55巻第10号、32-35、大修館書店、2007）

こちらはＳＯＳＥに関係する領域です。ＳＯＳＥは、外界からの刺激によって強く影響を受けます。賞賛が得られれば、単純にＳＯＳＥは大きく膨らみますが、圧力を受けてへこまされることもあります。また、さまざまな挑戦を試み、そこでなんらかの成功を収めれば、その経験が自己効力感を高めます。そして、自己効力感はＳＯＳＥを育み支えます。

次に、図の下のほうに目を転じてみましょう。こちらは、主にＢＡＳＥに影響を与える領域です。

なんといっても、まずは基本的信頼です。この世界に生まれ出て、最初に出会う養育者（多くは母親）との関係（二項関係）において、温かく良い体験を繰り返すことで、それは得られます。「生まれてきてよかったのだ」「他者やこの世は信頼に足るものだ」という基本的な信頼が育まれるのです。そして、それがＢＡＳＥの一端をしっかりと支えます。

さらに成長していく中で、養育者たち（多くは両親）からの無条件の愛を感じつつも、無条件の禁止の体験をしていきます。その発端は、トイレット・トレーニングに明確にあらわれるでしょう。それまで、自由奔放に排尿・排便をしてきた子どもが、それを許されなくなるのです。子どもにしてみれば、なぜだか分からないけれども、説明抜きに排尿・排便をコントロールされるのです。ここは成長の過程での、大きな曲がり角となります。大きくなるにつれて、人を傷つけてはいけない、自分の命はなによりも大切にしなければならないといった、無条件の禁止を伝えられていくはずです。

例えば、遊びに夢中になっているうちに、子どもが道路に飛び出してしまいそうになったとします。そのときに、養育者は怒鳴りつけたり、場合によっては引き倒してでも、それを阻止します。

そうしたことの積み重ねの中で、無条件の禁止が子どもに伝えられ、その時にその禁止の強さと程度に応じた無条件の愛が子どもに伝わっていき、それらがＢＡＳＥを側面から強く支えていきます。

◎ＢＡＳＥを育む共有体験

これまで何度も述べてきましたが、ＢＡＳＥは共有体験の繰り返しによって、糊の染み込んだ和紙を重ねていくように少しずつ分厚くなり、育まれていきます。

もちろん、共有体験といっても、その相手や強さの程度や形態などは、一つ一つ、一回一回異なります。テレビを友だちと観て、一緒に笑ったり騒いだりするという共有体験もあります。大好きなおじいちゃんやおばあちゃんが亡くなると、家族とともに悲しみにくれて涙を流すという共有体験もあります。また、学校生活において、仲間と作業に取り組んだときに、苦労や喜びを感じるといった共有体験もあるでしょう。

こうした多様な体験をしたときに、私たちは過去の経験と照らし合わせて、それを評価します。とりわけ、自分の心の中に残っている良い体験と引き比べて「今回の経験はどうだったのか？」といった評価・判断を行ないます。

自己評価を経て、一定のレベルに達した場合、それが好ましい体験として整理されます。そうして整理された感情が、自己肯定感です。そうした好ましい体験が蓄積されることで、自分を認め受容する感情、自己受容感が育まれます。つまり、自分の体験（共有体験）を肯定することで、自分自身を肯定する感情が育まれ、自己を受容していくことになるのです。

その結果、自己受容感によって基本的自尊感情がしっかりと支えられます。

◎BASEとSOSE

それぞれに育まれ、強化されたBASEとSOSEは、別個に存在しているわけではありません。例えば、学校の運動部の活動でよい成績を収めたとしましょう。それがチーム・プレーによるものであるとすれば、日頃の練習の過程や試合の場面で、当然ながらチームメートとの共有体験がふんだんに経験されることでしょう。ともに苦しみ、ともに泣き、そして喜ぶという過程で、感情を共有するチャンスが訪れます。

つまり、SOSEが強化される過程で、同時に共有体験を繰り返しつつBASEも育まれるのです。事実、拙著で紹介した「SOBA―SET」（＝基本的・社会的自尊感情尺度）による測定結果からも、そのことは確かめられました。共有体験とBASEは高い相関を示しましたが、SOSEとも相関し、またBASEとSOSEも相関関係にあったのです。

思春期は特別か

◎あさのあつこさんと

あるとき、『婦人之友』（婦人之友社刊）という雑誌の企画で、座談会に出席しました。参加者したのは、思春期の子どもを持つお母さん方3名と、作家のあさのあつこさん※、そして私の5人です。

「わが子は思春期まっただ中」というタイトルで、さまざまなエピソードとともにお母様方の体験、多くはご苦労が語られます。あさのさんは作家として、また母親の一人として意見を述べ、私は専門家としてそれらにコメントをするという役回りです。

始まるまでは、どんな話が出てくるのだろう、どんな展開になるのだろうと多少の不安もありましたが、実際には、2時間余りの時間がアッという間に終わってしまうほどの濃密な時間でした。集まってこられた3人のお母様方は、お子様たちとの暮らしの中で、結局のところ充実した時を過ごしてこられたのだ、というのが私の感想です。もちろん、苦しみや悲しみの涙を流したこともあったと思います。生活の充実とは、それらも含めてのことなのだと思うのです。

あさのさんといえば、私は『バッテリー』しか読んだことがなく、またなんの予備知識もありませんでした。実際にお会いしてみると、元気とスピード感のある話の展開が印象

※あさの あつこ（1954～）：
小説家で児童文学作家。1997 年、小説『バッテリー』で野間児童文芸賞を受賞、児童文学としては異例の 1000 万部にもおよぶベストセラーとなる。バッテリーのシリーズは全６巻と続編の『ラストイニング』がある。

的な方でした。

座談会では、皆さんと初対面とは思えない気さくなやりとりで、すぐにその場の雰囲気を飲み込んで、時に作家として、時に一人の母親として、説得力のある展開で皆をリードしていきました。

あさのさんの作品では、『バッテリー』のように、思春期がテーマになっているものが多いようですが、それはこの時期は変化が大きくて、また予測ができないところに面白さがあるからだとおっしゃっていました。

そう言われれば、そんな気もしてきますが、本当にそうなのでしょうか…。

◎思春期の特徴

そのことについて、対人欲求に注目して考えてみようと思います。

欲求には、ああしてほしい、こうしてほしい、ああしたい、こうしたいとさまざまなものがあります。ここでは、欲求を相手との関係性に注目して、整理してみました。つまり、相手に近づきたい欲求と、相手と距離をおきたい欲求、という欲求の二つのありかたです。

では、下の図をご覧ください。幼児期に高いレベルにあり、

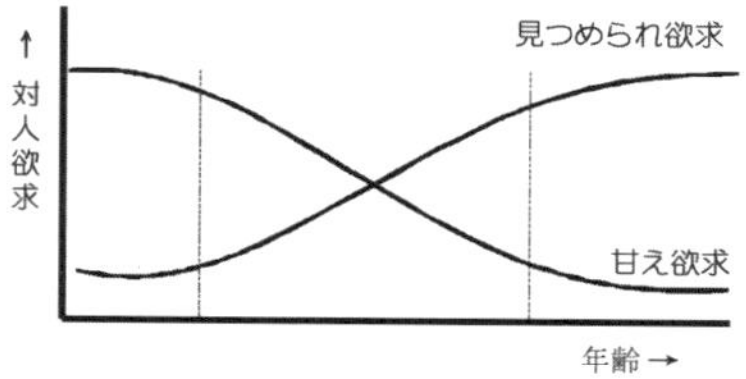

●図　揺れ動く思春期

年齢とともに減少していく対人欲求を〝甘え欲求〟と言います。これは、相手に近づきたい欲求だと言ってもよいでしょう。近づきたい、近づいていたい、一体化したい、依存したいというような欲求です。乳幼児に顕著な欲求の一つです。この甘え欲求は、土居健郎によって概念化されました（『甘えの構造』土居健郎著・弘文堂、１９７１）。

それに対して、幼児期には低いレベルにあり、年齢とともに上昇していく対人欲求を〝見つめられ欲求〟と言います。これは、私が80年代の末に概念化（『見つめられ欲求と子ども』近藤卓・大修館書店、１９９０）したもので、他者から見つめられたい、ほめられたい、評価されたいといった、自分の存在を認めてほしいという欲求です。一人の独立した個人として見つめられたいという欲求ですから、一定の距離をとって、他者から独立して離れたい欲求とも言えるでしょう。

こうして考えると〝甘え欲求〟と〝見つめられ欲求〟は、ベクトルの向きが正反対なのです。相手に近づく方向に働く力が甘え欲求で、逆に相手から離れようとする方向に働く力が、見つめられ欲求です。幼いころには、対人欲求の大半が甘えの欲求で占められていました。おとなになると、見つめられ欲求を満たすことで、対人関係は安定しています。ところが、思春期にはそれらが同じくらいのレベルで共存しているのです。

実は、これは想像以上に困難な状況だと言えます。

◎情動二要因理論

今から45年ほど前のカナダで、興味深い心理学の実験が行なわれました。

新聞広告で集められた成人男性が、指定された時刻に山道を登ってきます。つり橋のかかった谷川に差し掛かると、そのたもとに一人の女性が立っています。声をかわして、男性はつり橋をわたっていきます。

また、別の男性が山道を登ってつり橋のところまで来ると、女性はつり橋の真ん中で危うげに立っています。その男性は、つり橋の真ん中で女性とことばを交わします。その後、いずれの男性たちもが向こう岸の指定された小屋へ到着します。

そんなふうにして、つり橋のたもとで女性と会った男性たちと、つり橋の上で女性に会った男性たちは、簡単なアンケートに答えます。

「ここへ来る途中に会った女性に、もう一度会いたいですか？」

「その女性の電話番号を知りたいですか？」

など、その女性についての好感度を尋ねられるのです。

さて、女性への好感度は、どちらの男性のほうが高いでしょうか。

講演会などで多くの人たちに訊いてみると、面白い解釈が出てきます。女性とつり橋の上で会った男性は、ゆらゆら揺れる橋の上なので、その恐怖で女性に関心を持つどころではなかったという意見があります。逆に、つり橋の上で出会うことによって、女性との連帯感のようなものが芽生えて、それが好感度につながるという意見もあります。つり橋のたもとで会った男性は、落ち着いて女性とかかわったので、好感度が高いのだろうという意見もあります。

実にさまざまな解釈が出てくるのですが、正解は、つり橋の上で会った男性たちのほうが、女性への好感度が高いのです。つり橋の上で出会うことによって、つり橋の恐怖のドキドキと女性に出会ったトキメキは、一つに混ざり合ってしまうというのです。つり橋でドキドキしたのか、女性にトキメキを感じたのか、二つの要因での情動が一体となって、心に残るということになります。

だから、女性についてのアンケートに答えようとすると、とにかく心が動いたこと（実は、つり橋の恐怖からくるドキドキだったかもしれない）が思い出されて、印象深い女性だったということになるのです。

◎思春期は面倒だ

かように、人の心とは単純なものなのです。

思春期の二つの対人欲求も、とにかく目の前の相手に向けられて「〜したい」「〜してほしい」という心の動きとして実感されます。それが、「甘えたい」のか「見つめてほしい」のか、本当のところは本人にも分からないのです。

だから、寂しげにしているので甘えたいのかなと思って近づいていくと、実は見つめてほしい欲求だったので拒否されることがあったり、逆のことがあったりするのです。突っ張っているように見えるので、見つめてほしいのかと思っていると、実は甘えたかったりするのです。同じレベルで、二つの逆向きの対人欲求が存在していますので、それらが交互に表面化して、まわりの人たちだけでなく、本人をも混乱に陥れることになるのです。

あさのさんが、思春期は変化が大きくて面白いと表現しましたが、それは成長の変化だけではなくて、瞬間瞬間に二つの全く逆の方向性を持った対人欲求が、繰り出されるからなのではないでしょうか。

思春期の彼らと付き合うことの面白さは、彼らが私たちに向けている無意識の対人欲求が、そのどちらかなのかを見極めることの難しさに起因しているのかもしれないと思うのです。

思春期と思秋期

◎思い出の名曲

♬〜足音もなく行き過ぎた
季節をひとり見送って
はらはら涙あふれる
私、18〜♬

これは、18歳の高校卒業の頃を思い出しながら、それから数年を経た今の自分と重ね合わせて歌いかける、岩崎宏美※さんの1977年のヒット曲「思秋期」の歌いだしの部分です。卒業してから数年経ったある年の秋に、青春を思い出しているという設定なので、「秋」に「思う」という意味で「思秋期」と題しているようです。

ただ、本来、思春期が春（青春）を思う時期といった意味だとすれば、「思秋期」は秋を思う時期というほうが適切であるように思います。そしてそれは、人生の秋（向老期）を思う時期ということですから、およそ50、60歳代の頃といっても良いのではないかと思います。

※岩崎 宏美（1958〜）：
デビュー時から歌唱力に定評がある歌手。1977年9月にリリースされた「思秋期」では、日本レコード大賞・歌唱賞、日本歌謡大賞・放送音楽賞を獲得している。

戦後の第一次ベビーブームの世代―いわゆる団塊の世代―が、今まさに向老期のまっただ中に差し掛かっているわけで、社会全体からみて、数だけで見ると、思春期問題よりも思秋期問題のほうが、よほど大きな問題かもしれません。

なんといっても、1学年が250万人もいたのですから、思秋期の人たちは思春期人口の倍ほどの人数が存在することになります。仮に、55歳から65歳くらいの人数でいえば、ざっと2000万人ほどになるわけで、日本の人口の5、6人に一人は思秋期ということになります。

◎思秋期の戸惑い

前項では、思春期の心理的特徴を、対人欲求の視点から考察しました。簡単におさらいすると、思春期は「甘えたい・近づきたい・依存したい」という欲求と、「見つめられたい・離れたい・独立したい」という二つの相反する欲求の、危ういバランスの上に位置している時期です。

思春期以前の乳幼児・児童期は、甘えの欲求が優位で、思春期以後の成人期には見つめられ欲求が優位となります。いずれにしても、思春期以外の時期には、比較的安定した対人欲求によって、周囲の人たちとの関係を取り結んでいると言えるでしょう。

ここまでは『見つめられ欲求と子ども』（大修館書店、1990）でも詳述したのですが、ここでは「思春期が過ぎ、さらに成人期が過ぎていったとき、私たちの対人欲求はどうなっていくのか」というのがテーマです。

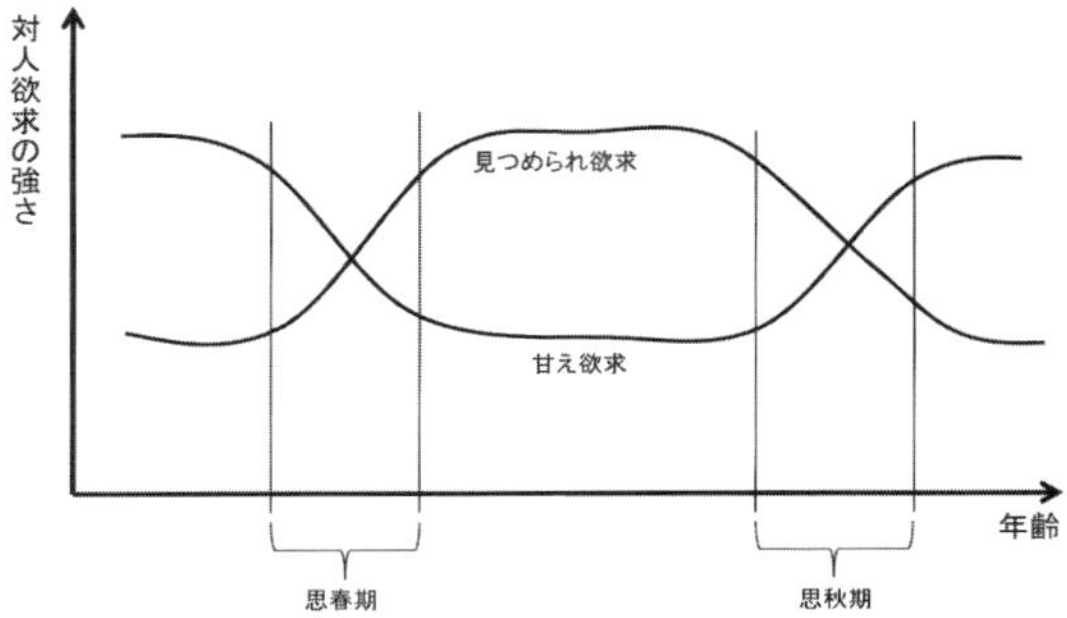

●図　対人欲求の生涯発達曲線

結論を申し上げれば、上の図に示したように、思春期と同様の危ういバランスに支配される〝思秋期〟がやってくると私は考えています。

成人期には、誰でも一定の社会的役割を果たすことで自分の存在を認められ、評価される日々を送ってきたわけです。それが向老期になって、次第にあるいは突然、その役割が消失してしまう経験をします。親としては、子どもが巣立って夫婦だけの生活に戻りますし、勤め人の場合には定年退職を迎えます。

そうした変化自体は、見つめられ欲求が低下していくことと同期していますから、特に問題とはなりません。問題は、甘え欲求のほうです。

向老期には、甘え欲求が強まっていきます。ところが、それまで独立した個人として社会的に活動していた人が、甘えたいと思っても、どのように甘えたらよいのか分かりません。また、周りの人々は、どのように甘えさせていいのかが分からないのです。

会社を定年退職した夫が家庭にとどまり、妻にまとわりついて離れない様子について「ぬれ落ち葉」と表現されたことがあります。甘え欲求の表現の仕方が分からない夫の気持ち、その甘えに戸惑い、さらには受け止める方法が分からない妻の混乱を思えば、「ぬれ落ち葉」とはあまりにひどい表現だと言わざるを得ません。

◎思秋期の混乱

思秋期問題は、優れて現代的な問題です。というのは、かつての日本であれば、思秋期の頃には、そもそも心身がくたびれてきていて、自然な形で誰かに依存せざるを得ない状況になっていきました。依存するというのは、言い換えれば甘えるということですから、自他共に認めざるを得ない形で、甘え欲求を満たしていったのだと思います。

ところが、現代社会においては、向老期の年齢になっても心身ともに元気いっぱいです。今までと同じ状態を感じていながら、自分が思秋期に入っているとは、とても認められません。また、周囲の人たちにしても、それを認めることはできないでしょう。しかし、多かれ少なかれ、そして多少の時期的な前後はあっても、50、60歳代は間違いなく思秋期なのです。見つめられたいという欲求と甘えたい欲求の二つの対人欲求が、同時に同じ程度のレベルで、相手に向けられているのです。

その点では、思春期とまったく同じように、極めて不安定なバランスの上にいます。そのことを、当の本人が知っている必要があります。また同時に、まわりの人たちも、しっかりとそのことを認識しておく必要があるでしょう。

社会的に重要な役割を担っている人ならば、やはり見つめられ欲求を前面に出して活動せざるを得ません。そして、甘え欲求を向ける〝時〟と〝場合〟と〝相手〟を、しっかりと意識しておくことが大切です。

◎思秋期を過ぎたら

思秋期を無事にやり過ごしたら、いよいよ甘え優位の安定した心理状態に至ります。「可愛いおばあちゃん」とは言い得て妙です。この場合の「可愛い」というのは、うまく甘えられるということなのではないでしょうか。可愛いおばあちゃんや、可愛いおじいちゃんも一つの生き方です。それを目指すのもいいでしょう。

しかし、特別に可愛くなくても、まわりの人に大きく迷惑を与えない範囲で突っ張って生きるのも、一つの生き方ではないかと思っています。ただ、それを実行するためには、心身ともに一定の元気を保つことが必要です。心身の柔軟性と可塑性を維持し、常に周囲の状況を見て、それにしっかりと対応していく力が必要でしょう。

私自身を振り返ってみて、まわりが見えなくなって、人の流れを阻害しながらも、そのことにまったく気づかず、自分だけの世界で行動してしまわないように気をつけなくては、と思う今日この頃です。

第4章

アナログとデジタル

◎アナログな世界

ふと立ち寄った書店の本棚で、「ようこそ、アナログの世界へ」という特集を組んでいる雑誌（『Free & Easy』イーストライツ刊）を見つけました。表紙には、60年代を彷彿させる木枠を使った英国車『ミニ・クラブマン』や、名機の誉れ高いカメラ『ライカ』※のイラスト、背表紙には「若者と気持ちの若い人のための雑誌」とあります。

一瞬、見ないふりをして通り過ぎました。そして、他のまったくジャンルの違う本を手にとって気をそらそうとしてみたものの、ページをめくっても目は宙をさまようばかりです。２冊ほど手にとって、そんなことを繰り返した後、結局戻っていって、先ほどの本を開いてしまいました。

気をそらすといえば、２０１０年のサッカーW杯決勝トーナメント1回戦での、イングランドとドイツの一戦です。私は、かつて1年半ほど、ロンドンで暮らしたことがあります。良い思い出がいっぱいです。それで、当然のことながらイングランドが気になっていました。でも、応援する気持ちで観戦すると、なぜかそのチー

※ライカ（Leica）：1925年から販売されているドイツの高級カメラ。現在も、プロ・アマチュアを問わず愛好家は数多くライカを持っていることが一つのステイタス・シンボルである。

ムは負けてしまう。そんな経験が、これまでに何度もあります。

そこで、「この一戦は好カードなので見るのだ、決してイングランドを応援しているのではない」。そう言い訳をして（誰に？）見始めたのです…でも言い訳なんかしてもダメですね。神様はお見通しです。イングランドは、ドイツに4対1の大差で負けてしまいました。

応援したチームが負けるのは、嫌なものです。でも、潔く応援して、潔く残念がらなくちゃいけません。そうなんです。言い訳をしたり、ごまかそうとしてもだめです。自分は騙せません。見たい本があるなら、潔く手にとって見ればいいのです。

ということで「ようこそ、アナログの世界へ！」

◎デジタル・ネイティブ

新聞で「ネット進歩、変わる意識」（朝日新聞、２０１０年7月4日朝刊）という記事を読みました。その記事によれば、「ネットが身近にある中で育ち、メールや交流サービスなどに親しんできた世代は、その上の世代よりも、人を信頼し、異なる立場の人や意見に寛容になっている」という研究結果があるそうです。

そのサンプルとして、東京大学大学院の橋元良明教授の研究が紹介されていました。そのキーワードの一つは、他者を信頼する「一般的信頼性」という概念です。それが若い世代ほど高かったというのです。10代から30代までの人たちは、一般的信頼性、つまり「ほとんどの人は信頼できる」と答えた割合が40％を超えていたのに対して、60代では32％だ

※橋元 良明（1955 ～）：
日本の社会心理学者で、東京大学文学部心理学科卒。著書に『背理のコミュニケーション アイロニー・メタファー・インプリケーチャー』（勁草書房、1989）『メディアと日本人 変わりゆく日常』（岩波新書、2011）などがある。

ったと言います。また「人を助ければ、自分が困っているときに誰かが助けてくれる」でも、10〜20代では70％で、最も高かったそうです。

こうした結果を、どのように考えたらいいのでしょうか。生まれたときから身の回りにインターネット環境や携帯電話があった世代を「デジタル・ネイティブ」と呼ぶそうですが、私たちアナログ・ネイティブとは何が違うのでしょうか。あるいは何も違わないのでしょうか。

かつて、地域社会が豊かなかかわりで結ばれていたころ、アナログ・ネイティブの人たちは、お互いを信頼し、人を助ければ、自分が困っているときには誰かが助けてくれる…そう考えていたのではなかったでしょうか。

このことについて、忘れられないエピソードが一つあります。

アナログ・ネイティブの私が、まだ20代前半の頃のことです。山歩きが趣味だったので、いつものように友人と2人であてもなく山へ入り、一日中歩き回り、陽が落ちる頃ふもとのバス停に戻ってきました。すると、なんということか最終バスが出た後で、最寄り駅まで歩けば数時間もかかってしまいます…途方に暮れていたところ、ちょうど通りかかった仕事帰りの車に拾われたのです。私たちは、その車の主に感謝の言葉を伝えましたが、それだけでは気が済まない思いで、なけなしの千円札をガソリン代にと差し出しました。すると、その方がおっしゃったのです。

〜私は、通りがかりのついでに、あなたたちをお送りしただけです。もし、いつ

か、あなたたちが困っている人を見かけたら、その人に何かをしてあげてください。あなたたちの今のお気持ちは、将来の、その時のためにとっておいてください。〜

見ず知らずの若者2人を、何の疑いもなく車に乗せる。そして、その行為について、なんの見返りも求めない。感謝の気持ちが、世の中に広がっていくことで十分だという。そんな、基本的な信頼感が失われていったのは、都市化と近代化が進み、地域社会が崩壊し、人々が個別化し、個人主義化していったからだと一般に思われています。

◎玉入れコミュニケーション

それが今、再び人々が信じあうようになってきたというのです…本当でしょうか?

ここには、小さな落とし穴があるような気がします。「信じあうようになってきた」と言いましたが、デジタル・ネイティブの思いは「信じあう」ではなく「信じられる」と言っているだけなのかもしれないのです。

一見双方向的に見えるけれども、それは思い違いで、一方向性の「信じる」がこちらからあちらに向けられ、向こうからこちらへと、それとは無関係の「信じる」が届く。そんな、個々バラバラな「信じる」が、飛び交っているだけなのかもしれません。

まだデジタル化が進む前の80年代に、すでにそうした一方通行のコミュニケーションが顕著になってきたと、私は感じていました。そこで、そうしたコミュニケーションを、揶著『見つめられ欲求と子ども』（大修館書店、１９９０）では「玉入れコミュニケーション」と名づけることにしました。

〜離れたところから見ていると、にぎやかにボールが飛び交い、豊かなコミュニケーションが取り行われているかのように見える。ところが、じつはそれぞれが手近にあるボール（話題）を勝手に投げているだけなのである。カゴに入れようとして、一応は目標を定めている。しかし、入らなければ入らないで、いっこうにかまわないのである。全員が投げることに夢中で、受け取ることや受け取られることなど、誰も考えてはいない。（中略）１人外れたところから『玉入れ』を見ている子は、何ともいわれぬ疎外感に打ちのめされてしまう。しかし、実は、『玉入れ』に参加している子どもたちも、変わらぬ疎外感に心を占領されつつ、それを振り払おうと必死で『玉』を投げつづけているのである。〜

◎何も変わってはいない

デジタル・ネイティブの時代になって、根本的に何かが変わったかのように言われることがあります。しかし、表面的で一方通行のコミュニケーションは「玉入れコミュニケーション」のように、既に30年前から、あるいはそれ以前から子どもの間に蔓延していました。今に始まったことではないのです。

デジタルになって変わったのは、テレビの画面が綺麗になり、アナログ・レコードの雑音がＣＤでは聞こえなくなったことぐらいで、それは根本的な変化とは言えないのです。ましてや、最近話題の３Ｄテレビなど、まったく新しい発明品でもなんでもありません。こんな立体映像は、50年以上前の少年漫画雑誌にだって、付録で存在していたではありませんか。

目先の技術的な進歩に惑わされて、あたかも人間性の根本が変化してしまったような議論は眉唾ものです。私たちには昔から〝表と裏〟や〝本音と建前〟がありました。ウチとソト、ハレとケ、そんな表裏一体をなす事柄は、今でも健在です。

〝仮想現実と現実〟の世界を行ったり来たりできるのも、子どもが昔から持っている特質です。男の子は、風呂敷一枚を背中にくくりつけただけで、スーパーマンになって弾丸より早く飛ぶことができるのです。女の子は、シロツメクサの冠を頭にのせただけで、お姫さまになれます。ＴＶゲームの世界で勇者や王女になるのと変わらない体験を、子どもたちは昔から繰り返してきたのです。

変わったのはむしろ大人です。二者の関係は相対的なものです。一方が変われば、他方が変わっていなくても、変化したように感じられるのは道理です。変わってしまった大人の目から見るから、子どもが違って見えるということなのでしょう。

レジリエンスと自尊感情

◎刺激的？

私たち人間は、地球の支配者であるかのようにふるまっています。人為的・人工的な事がらと自然現象を区分けして、あたかも自分自身がこの宇宙での特別な存在であるかのようです。しかし、実は私たち自身も、宇宙にある無数の存在の一つにすぎません。言い換えれば、地球上の生き物の一種にすぎず、大自然の一部分をなしているだけです。ですから、私たちの心身の働きも「自然現象」なのですね。雨や風、太陽や月の動きといった自然現象をどうにもできないのと同様に、「自然現象」である私たちの心身の働きも、本来どうにもできないはずです。

人前で緊張したり、試合や試験であがったりするのも、自然現象なのです。森田療法※などでは、そうした人の心の内の「自然現象」をどうにかしようとするのではなく、自然体であるがままにまかせるというように発想を転換して、神経症の治療に生かそうとしています。

話は変わりますが、私たちは五感を通して外界とかかわっています。視覚で言えば、人工的な明かり、とりわけこれまで地球上に存在しなかった蛍光灯やＬＥＤなどの照明は、とても刺激的です。聴覚では、数百ワット、数キロワットの出力の拡声装置から発せられ

※森田療法：精神科医の森田正馬（もりた・まさたけ　1874～1938）によって昭和初期に創始された。森田の意志を継いだ精神科医たちにより発展した、神経症（不安障害）に特化した精神療法をいう。

る大音響は、こちらもこれまで体験したことのない刺激に満ちています。嗅覚では、芳香剤という強い匂いのもとが、多くの家に置いてあります。触覚では、低反発素材という、これまた不思議な手触りの物体があります。味覚では、口に入れた途端にはじけて、これまでに体験したことのないような刺激に満ちたキャンディーなどが、子どもの人気を得ていたりします。

例えば、まばゆいばかりに輝く大都会の刺激的な照明と、夜空を切り裂く落雷の閃光とに根本的な違いはあるのでしょうか。ロックコンサートで使われる大音響装置から発せられるバスドラムの重低音と、雷鳴の轟きの違いはどうでしょう。

いずれも、五感で感じ取られることには変わりありません。でも、そこに違いはあるのでしょうか。あるとすれば、その違いはなんでしょう。

◎あいまいさ耐性

刺激の強さや激しさでは、人工的な装置は今や自然現象に負けていないように感じられます。しかも、雷のように天空に広がる大掛かりな仕掛けを用いずとも、人間は本当に小さな装置で、驚くほどの効果を出すことができるようになりました。

しかし、人工的なものと自然現象との違いは歴然として存在します。そのもっとも大きな違いは、「ゆらぎ」です。不安定さと言ってもいいかもしれませんし、予測不能性と言ってもいいかもしれません。まったく同じ明るさや強さはなく、毎回微妙に違いがあるのが自然現象です。
人工的な装置でも、その工夫はされています。すぐそこにある扇風機の操作盤をみると、「1／fゆらぎ」というスイッチがあります。自然の風に近い、予測不能な風が送られてくるというのです。しかし、どれほど精巧にプログラムしても、それは自然の風とはほど遠いものです。扇風機の風は、必ず扇風機から吹いてきますが、自然の風はどの方向から吹いてくるか分からないのですから。言い換えれば、扇風機の風は、少なくとも扇風機から吹いてくるという点では、完全に予測可能な現象だということです。
このように、予測可能な環境に暮らしている私たちは、次第に予測不能であったり不安定であったり、ゆらぎのあるものに対して不慣れになってきました。想定内の出来事には対処可能ですが、想定外の事態が起こると応用が利かないのです。ゆらぎのあるものへの耐性を、失いつつあるようです。

こうした、いわばあいまいな状況に対する耐性の低さについて、すでに半世紀ほど前から心理学者は注目していたようです。ある心理学者は、権威主義者の特徴として、次のような傾向を見出したとのことです。

「対称性、熟知性、明確さ、規則性に対する過度の好み、白か黒か式の解決、過度に単純化された二分化、あれかこれかという無条件の解決、早すぎる終結、固執、ステレオタイプの傾向」（増田真也「曖昧さに対する耐性が心理的ストレスの評価過程に及ぼす影響」『茨城大学教育学部紀要』47号、151〜163）

権威主義者だけでなく、近代社会では多かれ少なかれ、こうした性格特性が歓迎されるようになり、社会全体があいまいさを排除する方向に進んできました。

チャーリー・チャップリンが、映画『モダンタイムス』で近代工業社会の非人間性を風刺したのが1936年のことですから、半世紀以上前から、あるいは産業革命のころから、すでにこうした「あいまいさ」に、非寛容な傾向は生まれていたのかもしれません。産業革命以後の近代工業が目指したのは、規則的で単一化、均一化された大量生産だったからです。

つまり、「あいまいさ」をいかに排除するか、という方向性を目指していたのです。それを極限まで突き詰めたところに生まれた工業製品は、今の私たちの生活を確実に支えてくれています。

それらは、日常生活を取り巻くあらゆる物事にいきわたっていて、工業製品などの物質的なものにとどまらず、食料品や人が提供するサービスにまで浸透しています。

◎レジリエンス

異端を排除・攻撃するいじめも、ＫＹ（空気が読めない）を嫌うのも、あいまいさに対する非寛容の結果であるともいえるでしょう。味方か敵か、良い人か悪い人か、可愛いかそうでないか、おいしいかまずいか、そうした「過度に単純化された二分化」によって世界を分けてしまおうと、子どもたちもが強迫的になっています。

実際のところ、味方でもなく敵でもない、良い人とも言えないが悪い人というわけでもない、可愛いというほどでもないが可愛くないわけでもない、おいしいとは言えないがまずいわけではない、そうしたもので世界の大半は埋め尽くされています。

つまり、世界は両極端の1か0かだけで、その中間的な存在が許されないのではなく、1と0の間は、無限の、微妙に違いのある存在で埋め尽くされています。1に限りなく近い0・99999…もあるし、0に限りなく近い0・00001…もある。それらの間には、無数の存在があります。すなわち、1でもなく0でもない、あいまいな存在で満ち満ちているのです。

だとすれば、たとえば0・5558から0・5557に低下しても、その後また0・5558に戻ったり、0・5559と、前より得点が上がることもあり得るし、それ自体はそれほど大変なことではないように思われます。

ところが、1と0しか存在しないとすれば、これは大変な違いです。1は10集めれば10になりますが、0はいくつ集めても、その和は0でしかありません。1と0の間には、埋めても埋めても埋め尽くせない、絶対的な深い溝があるのです。

ネガティブな体験をしたときなどに、そこから立ち直るための精神的な回復力のことを〝レジリエンス〟と呼びます。

より具体的には「肯定的な未来志向性」「感情の調整」「興味・関心の多様性」「忍耐力」という4つの要因によって構成される心理特性だとされています（「ネガティブな出来事からの立ち直りを導く心理的特性―精神的回復力尺度の作成―」『カウンセリング研

究』35巻、57〜65 小塩真司ら2002)。

レジリエンスは、「1か0しかない世界」、もっと正確に言えば「1か0しかないと考えている(感じている)人たちの世界」では意味をなしません。なぜなら、先ほど見たように、1と0の間には越えられない深い溝があるからです。

もし子どもたちが、「この世界は1か0しかない」と考えている(感じている)としたら、大問題です。本来、強いレジリエンスを有しているとしても、それは機能しないからです。

まず私たち自身が、そして子どもたちが、この世界は1か0だけの世界ではなく、無限のあいまいな存在に満ち満ちているということを、しっかりと身にしみて分かっていなければなりません。そして、それは言うまでもなく、あいまいな状態に耐えられる力を持つ、ということにほかならないのです。

◎あいまいさ耐性を高めるには

では、あいまいさ耐性を高めるには、どうすればいいのでしょうか。また、本来子どもたちが持っているレジリエンスを機能させるためには、どうすればいいのでしょう。その答えは、実ははっきりしています。それは、あいまいな環境に身を置く時間を多くすることです。予測不能で、想定外の事態がいつ起こるか分からないような、そんな環境です。

さきほども触れましたが、デジタル・ネイティブである子どもたちを取り巻く世界の大半は、実は相変わらずアナログのままなのです。しかし、子どもたちはデジタル・ネイティブなので、身の回りにあるアナログな存在には気づけないし、もし気づいたとしても世界を読み取ることができない。したがって、それは存在しないに等しいのです。

日本語ネイティブの私たちが、英語を身につけるのと同じような困難が、そこにはあります。例えば、電車の中で英語で会話している人たちがいたとしても、英語が聞き取れなければ馬耳東風と聞き流すでしょう。その人たちの存在に気づいていても、その人たちの世界は読み取れません。しかし、この場合の答えははっきりしています。英語に囲まれた生活をすれば、瞬く間に英語は身につくからです。

同様に、デジタル・ネイティブの子どもにアナログな感性を身につけさせるには、アナログなものに囲まれた生活をして、デジタルなものを排除すればいいということです。ただ、実際には、それは困難です。

では、どうすればいいのでしょうか…。

◎あいまいさを嫌う社会

いちばん手軽で実現可能性の高いのは、身近な人間関係を利用する方法です。

人間関係にも、デジタルな人間関係と、アナログな人間関係があります。

デジタルな人間関係は、密着か疎遠、親しくするか他人となるか、この両極端つまり1（オン）か0（オフ）かのやりかたです。こうした両極端は、ある意味で安定しており、余計な気を使う必要もなく、エネルギーも少なくてすみます。

不登校や引きこもりは、アナログな人間関係に疲れて、疎遠の位置、つまり0（オフ）の位置に身を置いて、エネルギーを蓄えている状態とも考えられます。そうした場合の1（オン）の位置は、誰かに密着・依存するということです。

通常の人間関係は、親友というわけでもないが他人というわけでもない、その中間の微妙な位置を流動的に変化するものです。つまり、オンかオフかだけではない、アナログな関係なのです。言葉遣いや表情や身振り手振りなど、あらゆることに神経を使い、微妙な距離感を保つことで人間関係は成りたっています。これは、相当にエネルギーを使う作業です。保健室や教室など、身近なところでアナログな関係を創り出し、それを体験させてあげることこそ、子どもたちにとって今一番必要なことかもしれません。

そもそも、現代社会は、あいまいさを嫌う社会だと言えるでしょう。それは、大量生産大量消費の流れの中で工業製品を生み出すシステムとして、必然的に生まれた傾向です。数多くの、それぞれが別個に作られる、図面通りの寸分違わぬ部品を組み合わせることによって、あらゆる工業製品は生み出されます。

今や家屋でさえ、事前に工場で作った部材を、現地で組み立てる形式のプレハブ（prefabrication）のものが当たり前になっています。大まかに切断した材木を突き合わせて、現地でノミやカンナで削って組み立てるような手法は、影をひそめています。場合によっては、木材が月日の流れの中で反ったり縮んだりすることを見越して、「あいまい」に組み合わせる工法があった（今でもあるのかもしれませんが）そうです。

◎保健室はウチ？　ソト？

かつて古い家には、玄関の引き戸を開けると、広い土間がありました。家の内のようでもありますが、外と同じ土でできた床ですから、外のようでもあります。雨戸を開け放てば縁側があり、その内側に障子で隔てた座敷がありました。縁側は外の空気と一体となれる場所ですが、家の内ともいえます。そうした、内でもあり外でもある空間によって、家は近隣とつながっていました。つまり〝ウチ〟とも〝ソト〟とも言えるあいまいな空間によって、人と人は結びついていたのです。

しかし今や、家は外界と隔絶した空間を形成しています。シャッター式の雨戸とペアガラスの窓で、完全密閉されたウチなる空間は、外とのつながりは皆無です。ウチともソトとも言えるようなあいまいな空間は、現代の家には存在しません。

ここまで考えてきて、ふと思ったのですが、誤解を恐れずに言ってしまえば、保健室は学校における「あいまいな空間」なのかもしれません。また、学校によっては心の教室やいこいの広場、オープンルーム、カウンセリング室など、さまざまな場所が「あいまいな空間」の役割を果たしているのかもしれません。

物理的には確かに学校の内にあるのですが、成績評価などから自由な場所であるという意味では学校の外にある、昔の家屋の土間や縁側のような存在なのかもしれません。

靴を脱いで、家の中に入っていくことには覚悟がいります。けれども、土間までなら気軽に入れる。土間からなら、いつでもソトへ出ることができるからです。ウチに入ることに抵抗を感じていても、土間までなら安心して入っていけます。縁側にちょこんと腰かけて、ウチの人と話をする。ウチの人も、縁側に出てきてソトの人と会話を楽しむ。教室に入ることは難しくても「あいまいな空間」としての保健室では、子どもたちは安心していられるのです。

先に、保健室でアナログな体験をさせてあげてほしい、と述べました。具体的には、どんな方法があるでしょうか。土間や縁側は、ウチの人とソトの人の出会う場所です。保健室には、保健室登校や不登校（いわば一時的にソトの人になっている子どもたち）だけでなく、頻回利用の児童・生徒や、さらには通常の保健室利用者や保健委員の子どもたちも出入りしていることでしょう。

もちろん、子どもたちだけでなく、先生方も出入りするはずです。

さまざまな人たちが混在するなかで、お互いの距離が常に流動的に変化します。密着（1・オン）か疎遠（0・オフ）の両極端、つまりデジタルな関係ではいられません。1でもなく0でもない微妙な位置、つまり互いがアナログな関係でかかわり合わざるを得ません。

◎アナログは永遠です

子どもたちでごった返した混沌とした保健室に、嫌気がさしたり疲れきったりしている先生もおられるかもしれません。しかし、そんな中でこそ、現代社会では貴重なものとなったアナログ体験ができるのです。

かつては日常的に、そうした体験が確かに身近にありました。異年齢の子ども集団で、鬼ごっこやかくれんぼ、チャンバラごっこやままごと遊びが、飽きもせず延々と日々繰り返されていました。単純なのになぜ飽きなかったかといえば、アナログだったからなのかもしれません。どんなに精巧に作られていても、デジタルなゲームは、有限のパターンの繰り返しにすぎないのです。アナログな状態は、全く同じことは絶対に繰り返されません。そう、アナログは永遠なのです。

◎心的外傷後成長（ＰＴＧ）

私の手元に『ＰＴＧハンドブック』（HANDBOOK OF POSTTRAUMATIC GROWTH―RESEARCH AND PRACTICE―）という、３５４ページの分厚い本があります。

この本の二人の編著者カルホーンとテデスキーは、２００７年４月にアメリカのインディアナポリス市で開催された、「死の教育とカウンセリング学会」において基調講演を行なった、この分野のパイオニアであり、第一人者です。

彼らがこれまで、10年以上にわたって研究し構築してきた、ＰＴＧ（ポスト・トラウマティック・グロウス＝心的外傷後成長）の理論と方法の集大成として、本書は構成されています。

外傷体験については、ようやくわが国でも、ＰＴＳＤ等の外傷後の障害についての理解が進み、その対応や治療について研究され、さまざまな場面での実践が広がりつつあるところです。そうした対応や、治療についての評価が今後進んでいく中で、いずれは障害の克服から一歩進んで、ＰＴＧに関心が向かうと予想されます。

ＰＴＧは、心に大きな傷が残るような過酷な体験をした後に、それを乗り越えて精神的に成長していくことを意味しています。『ＰＴＧハンドブック』では、その理論を解説したうえで、さまざまな具体的な状況におけるＰＴＧについて議論しています。

それらを、目次の項目順に並べてみると、「スピリチュアリティ：ＰＴＧと落ち込みの別れ道」「癌におけるＰＴＧ」「死別とＰＴＧ」「戦争後のＰＴＧ」「ＨＩＶ／ＡＩＤＳへの挑戦にみる前向きな生き方」「災害と非常時の活動におけるＰＴＧ」「遺灰からの成長：ホロコーストを生き抜いた子どものＰＴＧ」「子どもの回復とＰＴＧ」といった具合です。

◎ＰＴＧの意味すること

第1章の冒頭には、次のような詩が引用されています。

～少しばかりの悲しみなくして
美しいサンバのメロディが作られることはなかっただろう～

より深い共感を得るには、共感の体験だけでなく、共感不全の体験も必要だということを、思い起こさせるような言葉です。ポジティブな側面だけではなく、物事には必ずネガティブな面もあるのです。

光のあたる面だけでなく、影の部分も知ってこそ、より深くそのものを理解することができるのは道理です。

少し長くなりますが、本文を引用してみたいと思います。

〜困難な人生の苦しみこそが、人を変え成長させるという考え方は、時として非常にポジティブなものだが、なにもそれは社会学者や心理学者あるいは臨床家たちによって〝発見〟されたわけではない。私たちはこれまで、以下のようなことを示してきた。

つまり、少なくともある人々にとっては、大きな受難や喪失などのトラウマとの遭遇が、個人の大きなポジティブな変化を導くということである。

困難や危機といった、苦しみとの出会いによって人が成長する可能性は、古今東西の文学や哲学における一つのテーマであった。人がこうむるこうした問題は、古代から現代までの宗教的な課題の中心ともなっている。たとえば、仏教の源流は、釈迦族の王子ゴータマ・シッダールタが、死というものを避けられない人間の苦難である、ということに気づいたところにある。

また、キリスト教はその多くの宗派において、イエスの苦難が人類を救うための重要で中心的なできごとであるとしている。さらにイスラムの伝統は、少なくともある状況下では、「天国への旅」のためのより良い準備として、苦難を見ている。

同様な傾向は、ギリシャ神話にも見られる。数千年前の世界中に見られる文学作品は、実に多様な表現をとってはいるが、人が出会う苦難や喪失の体験から、その意味や変化の兆しの可能性を掴もうと試みている。人が出会うトラウマがその人を変えるという考えは、特に新しいものではないのである。～（近藤卓訳）

つまり、ＰＴＧの現象について、私たちは以前から知っていたし、それが重要な心的過程あるいは成長の契機であることも、理解していたということです。

ただし、それは宗教や哲学や芸術の領域のことであって、科学的な考察の俎上に載せられたことはこれまでになかったのです。カルホーンらは、こうした状況理解を踏まえて、ＰＴＧを改めて概念化し、心理学や精神医学の、つまり科学的な考察の対象にしようと試みているのです。

◎ＰＴＧを科学する

ＰＴＧについて、心理学や精神医学の視点からの考察が始まったのは、およそ半世紀ほど前のことと考えられます。たとえば、ナチスによる虐殺の現場から生還した体験を考察したフランクルや、喪失体験からの回復について述べたマスローなどが、その先駆者といえるでしょう。

その後、いくつもの研究を踏まえて、１９９０年ころから明確にＰＴＧを概念化し、客観的に測定することを含む科学的な研究が始まってきました。先にあげたカルホーンらが、その先駆的な仕事をして、最初の書物を出版したのが１９９５年で、ＰＴＧＩ（ＰＴＧ目録）という測定尺度を作成し、発表したのが１９９６年のことでした。

ここのところ、日本でもいくつかの研究が見られるようになってきました。宅香菜子は、カルホーンらのもとで研究を続け、「日本版外傷後成長尺度」を開発しています。それによれば、外傷後成長尺度は、４つの因子から構成されています。

第１因子は「他者との関係」で、「トラブルの際、人を頼りにできることが、よりはっきりと分かった」など、６つの質問項目で構成されています。そのほかの因子は、いずれも４つの項目で構成されています。

第２因子は「新たな可能性」で「新たな関心事をもつようになった」など、第３因子は「人間としての強さ」で「自らを信頼する気持ちが強まった」など、そして第４因子は「スピリチュアルな変容および人生に対する感謝」であり「自分の命の大切さを痛感した」などの項目で構成されています。

これらの因子および項目は、これまでに見てきた「あいまいさ耐性」やレジリエンスと関係が深いのは当然のこととして、さらには基本的自尊感情にも深く関係していることが推察されます。客観的かつ科学的な検討は、これからの課題になりますが、基本的自尊感情が根本を支えることによって、その裏付けの下でレジリエンスやＰＴＧが可能になるのではないかと私は考えています。

◎回復や成長の可能性

カルホーンらも、著書の中で念を入れて述べていますが、過酷な体験をした多くの人たちが、心身のネガティブな状態を呈するということを忘れてはならないと思います。

私も「強いストレスや喪失の体験をした人が、必ずそこから回復し成長する」などと、楽観論を述べるつもりはありません。ただ、そうした体験が、人々に必ずネガティブに働くとは限らず、そこから回復し成長する可能性は、常にあり得ると考えたいのです。

すると、内的・外的にどのような条件が整えば、人は回復し成長すると言えるのかが課題になります。私としては、当然のことながら、そこに基本的自尊感情の働きを想定しています。過酷な体験は、いとも簡単に社会的自尊感情を打ち砕くことでしょうが、長い期間にわたって繰り返された共有体験をもとに積み重ねられ、強固に出来上がった基本的自尊感情は、私たちの心の一番根底を支えています。

精神的な回復（レジリエンス）も心的外傷後成長（ＰＴＧ）も、他者とのかかわりの中で、なんらかの契機によって生まれてくるものだと思います。そうした機会が訪れるまで、打ちひしがれた人の心を根底で支えるのが、基本的自尊感情だと考えられるのです。このことを科学的に明らかにしていくのが、私たちの次の研究課題になることでしょう。

第5章

子どもの死生観と共有体験

◎安らかに簡素に逝きたい?

朝日新聞社が実施した、死生観についての大規模な全国調査の速報が、２０１０年11月４日の新聞紙上に掲載されました。その見出しが「安らかに簡素に逝きたい」です。

「安らかに」は、終末期における心の平穏を示していますし、「簡素に」とは、死後の葬儀等に関することです。多くの回答が末期がんを知らせてほしいと望みつつ、苦痛の緩和や心のケアなどによる、終末期における心の平穏を望んでいます。また、葬儀は不要だという回答が36％あり、墓はいらないという回答も17％あったそうです。

この記事の中で、評論家の川本三郎氏※は妻をがんで先年亡くした経験から、告知の仕方の問題や病と闘うことの並大抵ではない厳しさに触れ、上記のような傾向に疑問を投げかけています。また、僧侶の玄侑宗久氏※は、自立・自活を促す現代の学校教育の結果が、死ぬ時も周囲に気を使う社会を生み出しているのではないかと述べています。

この調査では、現在の生活や死後の世界に関すること、さらには支持政党に関することなど、多岐にわたる質問をしています。現代社会における大人たちの死生観を知る上で大変興味深いものですが、いくつかの限界点も見えてきます。このことについては、後に触れたいと思います。

※川本 三郎（1944～）：元朝日新聞社の記者。文学・映画に関する評論や翻訳で知られる。自伝的な作品『マイ・バック・ページ』は2011年に映画化もされている。

※玄侑 宗久（1959～）：小説家で臨済宗の僧侶でもある。2001年には『中陰の花』で第125回芥川賞を受賞している。

さて、子どもたちの死生観はどうなっているのでしょうか。子どもの死生観の調査は数多く存在しています。ただ、葬儀や埋葬、あるいはがんの告知についてなどを聞いたものではなく、多くは、死の概念を「不動性」「不可避性」「不可逆性」の三つの要素でとらえ、それらの認識の程度を調べたものです。方法としては、量的研究だけでなく質的研究も含まれ、古くは1948年に、マリア・ナギーという研究者がハンガリーの子どもたちを対象に調べたものから、現代の日本におけるものまで、枚挙にいとまがありません。

筆者らも、これまでに同様の調査を行なってきましたが、その過程で、子どもの死生観が上記の三つの要素だけで語れないのではないか、という示唆を得るに至りました。

そこで、2009年度から3年間にわたり「子どもの死の認識に関する調査」を、文科省の科学研究費によって実施することになったのです。

◎死生観調査の難しさ

死生観調査には、いくつもの難しさがあります。第1には、死に対するタブー視にまつわる困難です。まず調査者には、こうしたテーマを掲げること自体に抵抗感があります。また、調査の回答はもちろん任意ですが、回答者にとっても触れたくないこと、考えたくないことを考えさせられるという抵抗感があります。先の朝日新聞の調査は、そうした意味で大きな意義があると思います。

第2には、こうした調査をすることについての倫理的な問題です。アンケート調査には、いわば寝た子を起こすような作用があるからです。死にまつわることを根掘り葉掘り尋ねられ、考えているうちに憂鬱になってくる人もいるかもしれませんし、それがきっかけで現実の生活について深く思い悩むことになるかもしれません。

特に、子どもに対する調査では、この点の配慮が欠かせません。


さらには、調査の内容そのものに関することがあります。死の科学的認識については、これまで触れてきたように「不動性」「不可避性」「不可逆性」で語られてきました。子どもの発達段階において、どの年齢層でこれらの理解が始まり定着するのかという視点から、研究が進められてきたのです。

しかし、より正確に語ろうとすれば、死の定義そのものに触れざるをえません。たとえば、脳死を人の死と考える立場からは、不動性は死の要素から省かなくてはなりません。つまり、脳死と心臓死のどちらを死とするかで、不動性ですら意味のないものになってしまうのです。

事実、先の朝日新聞の調査では、「脳死を人の死と認める」が61％で、「人の死は心臓が停止した場合に限る」（32％）の倍にもなっています。

また、少数の人を対象に、面接して詳しく話を聞いたり、自由記述で回答してもらうといった質的な研究では、結果の一般化に問題が生じます。一方で、一般化をめざそうとして、先の朝日新聞のように、多数を対象にアンケート調査をすれば、当初設定した選択肢以外に回答のしようがありませんから、新たな発見への期待は薄くなります。

もう一つ、「『死』という言葉で最初に思い浮かぶのは？」という質問では、死そのもののイメージを尋ねていますが、選択肢は次の7つに限られています。回答の多い順に並べると、以下のようになります。

「家族や知人との永遠の別れ（44％）」
「この世からの消滅（23％）」
「死にいたる痛みや苦しみ（18％）」
「新たな世界への出発（5％）」
「現世での苦悩からの解放（4％）」
「バラ色のあの世（0％）」
「その他（6％）」

「死」と聞いて、最初に思い浮かぶもの一つを、7つの選択肢から選ぶというのでは、回答を誘導していると言っても過言ではないでしょう。

さて、まずは私たちの研究室で実施した調査研究の概要をお話ししましょう。

◎子どもの死の認識に関する調査

この調査は、小学校高学年から中学生の子どもの死の認識過程について、質的研究と量的研究を組み合わせて、明らかにしようと計画されました。最終的には死の認識の程度を、標準化された尺度で測れるようにしようという試みです。

まず初年度の２００９年度には、質的研究の方法を確立することと、発達後の死の認識の到達点を明らかにするための調査を行ないました。具体的には、大学生を対象として、半構造化面接法で死に関するイメージを聞き取り、死の概念を構造化することを試みました。

その結果、先に述べたような死の三つの要素以外に、死者への思いや死後の世界についての考えなどからなる、いわば非科学的な認識が見られたのです。この、非科学的な認識を、筆者らは「物語性」と名づけました。

また、生命観を明らかにするために、犬やタンポポなどの生物と、雲や山などの無生物を提示し、それらを〝生きているもの〟と〝生きていないもの〟に区分けする、という作業を課しました。

その結果、興味深いことに、何人かは雲や山を〝生きている〟と答えたのです。もちろん、科学的な理解として、それらを生物として認識しているわけではありません。そのことを確認した上で問うと、「山は多くの動物や植物を育むと同時に、それ自体生き物のようにそこに存在しているように感じられる」と彼らは答えたのです。これは、先に述べた死の認識における「物語性」に通じるものと考えられます。

さて、こうして初年度の研究を行なった結果、二つのことが明らかとなりました。

まず、第一点目は調査方法についてです。半構造化面接法は、より詳細なデータが得られる利点がありますが、個別面接を1人あたり60分から90分行ないます。多数の小・中学生を対象にした場合、膨大な時間を要することと、調査対象である子どもたちが、これほど長時間の一対一の面接調査には耐えられないのではないかと考えられました。そこで次善の策として、5、6名のグループによるブレインストーミング調査を選択、実施することにしました。

第二点目は「物語性」の発見です。大学生は、これまでの研究によれば、すでに死の概念が確立された年代に属しています。その彼らに「物語性」が見られたということは、いわゆる科学的な理解の根拠とされる死の三要素、つまり〝不動性〟〝不可避性〟〝不可逆性〟だけで、死の認識の発達は語れないことを意味します。

◎いよいよ調査開始

2年度目の2010年、いよいよ本格的に研究調査が始まりました。中学生を対象として、ブレインストーミングによって死のイメージを洗いざらい収集し、それらを構造化していこうという目論見です。

中1から中3までの各学年から、男女3名ずつ計6名を選んでグループを作ってもらい、数十分かけてブレインストーミングを行ないます。訓練を受けた大学生と大学院生が、各学年のグループに2名ずつ張り付き、データを収集していきます。

この結果は、とても興味深いものとなりましたが、それを明らかにする前に、先に触れたマリア・ナギーの研究について、少しお話ししておきましょう。

◎子どもの思いを探る

過去の「子どもの死生観に関する研究」について、もっとも古いほうに属する研究が、１９４８年にハンガリーのブダペストで行なわれた、マリア・ナギーによるものでした。彼女の論文※（Nagy, １９４８）から、その方法についてご紹介したいと思います。

ナギーは、３歳から10歳の子どもたち３７８名を対象に、実にたんねんに時間をかけて調査を行ないました。その方法としては、作文と描画、そして聞き取りの三つの方法を年齢に応じて使い分けています。

３歳から５歳の子どもには聞き取りを、６歳の子には聞き取りと描画を、７歳から10歳の子どもには、聞き取り・描画・作文の三つの方法を彼女は使っています。７歳以上の子どもに対しては、まず次のような語りかけ（教示）をして、作文を書いてもらっています。

～今日は、よく来てくれたわね。私は、あなたがとても上手に作文を書けることを知っているの。それで、とってもあなたの作文を読みたいの。いろんなことが思い浮かぶでしょうけれど、あなたはそれを上手に書けると思うわ。さあ、死について心に浮かぶことを、どんなことでもいいから書いてみてね。～（近藤訳）

※ Nagy, M. (1948). The Child's Theories Concerning Death. The Journal of Genetic Psychology, 73, 3-27

そして、できあがった作文を題材にしながら、「死ってなんなのかしら」「どうして人は死ぬの」「死んだってことが、どうして分かるの」「死についての夢を見たことがあったら教えて」といった質問をして、聞き取りに入ったのです。

また、3歳から6歳の子どもの場合は、作文ができないので聞き取りだけで調べました。そのために、まず関係作りをする必要がありました。そうしてから、子どもの話を聞いたり、こちらからお話をして聞かせたりします。そして、いよいよ大丈夫という頃合いを見計らって、「きょうだい」「誕生」「生きていること」そして「死」を話題にして、聞き取っていったそうです。

ナギーは、何度も調査のために通った学校で、子どもたちから、しばしば「デスおばちゃん」(Auntie Death)と呼ばれていたそうです。親しみを込めた愛称をもらうほどに通いつめて、信頼関係を築いていったからこそ、半世紀過ぎた今でも、古典として残るほどの業績を残しえたのだと思います。

ちなみに、彼女が研究を発表した1948年に、私、近藤卓はこの世に生を受けました。なんという奇遇でしょう。

◎私たちの採用した方法

前回にも触れたように、私たちは大学生を対象とした予備調査の結果、聞き取り調査の方法は採用しないことにしました。また、多くの先行研究をつぶさに評価判断した結果から、アンケート式の量的な調査も採用しませんでした。そして到達したのが、少人数グループによるブレインストーミングです。

今回の調査では、男女３人ずつ６人のグループを基本としました。スモール・グループの研究によると、３人からグループらしさが発揮され、４～６人でグループの力が最大になるようです。そういえば、ビートルズもモンキーズもダーク・ダックスもデューク・エイセスも４人でした。そして、７人を超えると次第にグループの力が減少していくのです。そういえば、光ＧＥＮＪＩやチェッカーズは７人ではなかったでしょうか。人数が増えると、ほかのメンバー頼みになって「社会的手抜き」といわれる現象が生じると、社会心理学では説明されています…だとすると、ＡＫＢ48はどうなっているのでしょうか。これも興味深いテーマです。

さて、今回のブレインストーミングですが、６名の中学生グループに、大学生の記録係と大学院生のファシリテータをつけました。写真のように、ホワイトボードに貼り付けた模造紙に、記録係が発言内容をマジックで書きこんでいきます。中学生たちは、順番に思いつくことを発言します。

次ページの写真をご覧ください。右側に並んだ真ん中の男子の手元に白い紙が見えます。その紙には「死と聞いて何を思い浮かべますか？」という、このブレインストーミングのテーマが書かれています。時計回りにこの紙が回ってくると、何か思いつくことを発言します。

ブレインストーミングの基本的なやり方は、これだけのことです。

ただ、大切なルールがあります。それは、自由に心に浮かぶことを発言することと、人の発言を批判したり否定はしないことです。自由で開放的な雰囲気作りのために、直前に5分程度のウォーミングアップもします。それでも、いざ始まると堅苦しく考えたり、他人の発言を笑ったりすることがありますので、ファシリテータの役割が大切になってくるのです。

このときのウォーミングアップでは、「ハンカチ回し」を行ないました。ハンカチを手に持って「ハンカチで何ができるか」を考えるのです。「汗をふく」と発言したら、隣の人にハンカチを渡します。前の発言の流れで「顔をふく」が出たり、一気に「止血」「包帯」ときて「バンダナ」「折り紙」「バナナ」など、思わぬ方向に展開していきます。2、3周すれば、結構その場の雰囲気は和んできます。

●ブレインストーミングをする中学生6人

◎データをどう取り扱うか

ウォーミングアップが十分に行なわれ、状況が整えば、その後のブレインストーミングの本番はたいていうまく進行します。今回も、死がテーマでしたが、中学生たちは柔軟な発想で実に多様な意見を出してくれました。もちろん、学校や学年あるいはグループのメンバー構成によって一様ではありませんでしたが、今回も30～40分ほどのブレインストーミングで、１００～２００ほどの発言が引き出されました。

こうして得られた質的データを、どのようにして整理・分析し、結果としてまとめていくか、それがつぎの課題です。これにもいくつかの方法がありますが、私の研究室で使い慣れたＫＪ法※を用いることにしました。

ＫＪ法は、ご存じのように、先年亡くなられた川喜田二郎先生発案の野外科学的方法です。よく知られているにもかかわらず、ＫＪ法ほど間違った使い方をされているものはないように思います。それは〝ＫＪ法は分類法の一つである〟という誤解です。確かに、結果はいくつかのまとまり（ＫＪ法ではそれを島といいます）に分かれますが、けっして分類した結果ではないのです。私は、ＫＪ法は「アナログな因子分析」だと思っています。量的データをＳＰＳＳなどの統計ソフトで処理して行なう「デジタルな因子分析」に対して、自分の直感による手作りの因子分析がＫＪ法です。

◎因子分析って？

私はいま、アンケート結果などの量的データをＳＰＳＳなどの統計ソフトで処理して行なう「デジタルな因子分析」に対して、ＫＪ法は「アナログな因子分析」で、自分の直感による手作りの因子分析だと言いました。

※ＫＪ法：文化人類学者の川喜田二郎（1920～2009）が、データをまとめるために考案した手法である。カードに情報を記述しグループごとにまとめて図解し、論文等にまとめる。

では、そもそも因子分析ってなんでしょう？

よく聞く言葉ですが、実ははっきりと理解されていないことが多いように私は感じています。まわりの大学生を見ていても、卒業研究でデータを分析し考察する段階になって、初めてその意味をしっかり理解していないことに気づき、戸惑っているところを見るのが珍しくありません。

もちろん、数学的・統計学的にすべてを理解することは容易ではありませんが、因子分析を用いるにあたって、考え方だけは知っている必要があると思います。

◎因子分析の考え方

考え方を理解するためによく使われる例は、次のようなものです。

国語、算数、理科、社会、英語、音楽、体育、図工の8教科のテストがあったとします。テスト結果では、算数がよくできた子は理科もよくできていて、国語の成績がよい子は社会と英語もよいという傾向が見られたとします。

そうしたとき、私たちは直感的に、数字を使った論理的な思考の能力の高い子は、算数や理科が得意だと考えるでしょう。また、文章を組み立てて物を考えることの得意な子は、国語や社会や英語が得意だと考えるかもしれません。

一般に、ある項目の得点と別の項目の得点の関係を、数学的に計算して数値で表すために、相関係数という数値を使います。相関係数は、0から1までの数値で表され、1に近いほど二つの項目は関係が強いことを意味しています。通常は、0・347とか0・

891とかいった小数の値で示されます。

さてここで、先ほどの8教科の関連を考えてみることにします。ただ、ここでは8教科同士の直接の相関を考えずに、少しまわりくどい方法を取ります。それが、因子分析という方法です。因子分析では、まずコンピューターが8教科とは別に、架空の項目を複数（とにかく、たくさん）設定します。ここがミソで、そして一番分かりにくいところです。「架空の項目ってどういうこと？」という疑問がわいてきます。でも、とにかくコンピューターが勝手に作る、たくさんの〝架空の項目〟なのです。

そして、それら架空の項目と8教科それぞれとの相関係数を、コンピューターが計算するのです。その組み合わせは、果てしない数になると思いますが、コンピューターはそんなことを苦にもせず、ひたすら計算し続けます。

すると、無数にある架空の項目のうち、偶然Aという項目と相関係数の大きな教科が二つ出てきました。それが算数と理科です。ほかの教科はAとの相関が低いのです。

そしてまた次に、架空のBという項目と国語・社会・英語の相関が強く出ました。Aと算数・理科の相関ほど強くはないけれども、Bと国語・社会・英語の相関も比較的強く出ました。さらに調べてみると、音楽、体育、図工はAともBとも相関が低いということになりました。

こうした場合に、Aを第1因子、Bを第2因子と呼びます。数字で第1因子とか第2因子とかいうより、名前をつけたほうが分かりやすいので、呼び名を考えます。この場合ですと、第1因子は「論理的思考力の因子」、第2因子は「文章思考力の因子」とでも名付けることができるかもしれません。

この名付けは、調査・研究をしている人にまかされる事柄で、その人の独自の発想が試される部分です。ここはKJ法に似ているところです。

◎具体例を「SOBA―SET」で

さて、具体的なデータで、因子分析の結果を見ることにしましょう。せっかくですから、ここでは拙著『自尊感情と共有体験の心理学』（金子書房、2010）で発表した「SOBA―SET」のデータを使ってみたいと思います。次ページの表が、その結果です（同書73ページ）。

第1因子は3項目とも逆転項目ですので、否定形で表現されているのですが、要するに「失敗しても大丈夫」「自分はだめだと思わない」「自分はこのままでいい」という感情ですから、基本的自尊感情の因子です。

同じように、第4因子も「生きていていい」「生まれてきてよかった」「良いところも悪いところもある」と自分を受け入れる感情ですから、やはり基本的自尊感情の因子です。

次ページの表にある第1因子の一番左上の数字は0・799となっています。この数字の意味するのが、第1因子（つまり基本的自尊感情）と「失敗しても大丈夫」という項目の相関係数です。とても高い相関を示しているのが分かります。

2番目の「自分はだめだと思わない」が0・736、3番目の「自分はこのままでい

●表「SOBA-SET」の因子分析結果

質問項目	1	2	3	4	5
なにかで失敗したとき、自分はだめだなと思います（逆転項目）	0.799	0.063	−0.015	−0.031	−0.053
ときどき、自分はだめだなと思います（逆転項目）	0.736	−0.005	−0.022	−0.002	−0.002
自分はこのままではいけない、と思います（逆転項目）	0.480	−0.114	0.027	0.014	0.114
運動は得意なほうだと思います	−0.088	0.881	−0.077	0.020	0.030
他の人より、運動が下手だと思います（逆転項目）	0.079	0.742	0.107	−0.012	−0.031
他の人より、頭が悪いと思います（逆転項目）	0.033	−0.007	0.878	−0.001	−0.075
ほかの人より、勉強がよくできると思います	−0.052	0.015	0.667	0.003	0.113
自分は生きていていいのだ、と思います	−0.015	0.011	0.013	0.792	0.035
生まれてきてよかったと思います	0.039	−0.023	−0.003	0.735	−0.062
自分には良いところも悪いところもあると思います	−0.104	0.091	−0.018	0.170	0.074
ほとんどの友だちに、好かれていると思います	−0.007	−0.017	0.034	−0.027	0.779
友だちが少ないと思います（逆転項目）	0.176	0.092	−0.028	0.071	0.362

い」が０・４８０という数字になっていて、これら３項目が一つのまとまりで、基本的自尊感情の因子を形成していることが分かります。

あとは、見ていただければ分かると思いますが、第２因子は「運動に対する自信の因子」、第３因子は「勉強についての自信の因子」、第５因子は「友だち関係の自信の因子」です。それら三つの因子で、社会的自尊感情を表すことになります。

このように「ＳＯＢＡ−ＳＥＴ」は、基本的自尊感情と社会的自尊感情を明確に区分けして測定できる心理テストということが分かります。実際に「ＳＯＢＡ―ＳＥＴ」を心理テストとして使用する際の形式は、同書67～69ページに掲載していますので、ご覧になってください。

◎エコな研究法

本当にエコかどうかは別として、ＫＪ法がエコノミーなのは間違いありません。アンケートで集めたような、多量のデータの背景にある本質を探る方法として、因子分析が役立つことは確かです。しかも、今やパソコンでそうした分析が手軽にできる時代です。ただ、ＳＰＳＳなどの統計ソフトを個人購入するには、まだちょっと勇気のいる価格です。そこへいくと、集めた質的なデータを分析する方法としてのＫＪ法は、紙と鉛筆と少しばかりの忍耐力があればなんとかなる世界です。

時代の流れからすると、時に応じて量的データを因子分析し、質的データをＫＪ法で分析するというハイブリッド方式で、それぞれの長所を生かしながら相乗効果を狙うという戦略が、一番ということでしょうか。

◎理論と実践

２０１１年に実施された「日本学校メンタルヘルス学会第14回年次大会」での発表の一

つに、自己肯定感や自尊感情を高めることをめざした、小学校の先生方による取り組みがありました。〝いいとこみつけ〟という授業実践を行ない、その前後にアンケートをとることで授業の評価をするという研究でした。東京の、ある区内の小学校教育相談研究部の先生方による大変な労作です。

4年生と5年生を対象とした授業を行なうと、事前テストの結果に比べ、いくつかの項目で事後テストの結果が向上していたということでした。部会の先生方が集まって、知恵とエネルギーを出し合い、時間をかけて作った授業案とアンケート用紙による貴重な研究でしたが、私の目から見ると、その視点に基本的自尊感情が入っていなかったのが少し残念でした。

また、研究という観点で見ると、せっかく得たデータの分析において、統計的処理に不備な点があるのも、もったいないと感じられました。ありきたりな結論ですが、やはり実践家と研究者の連携が、必要不可欠だということではないでしょうか。

それは、実践家にとって必要というだけではなく、研究者にとっても同じです。

少なくとも、私の携わっている研究領域では、教育現場の先生方の協力なくして、研究は一歩も進みません。さらに言えば、調査や教育実践に協力してくれる児童・生徒の皆さんの存在は不可欠ですし、調査で得られたデータを、整理したり分析したりする過程では、学部学生や大学院学生の皆さんの力も欠かせません。要するに、研究者一人では、何一つできないのです。

◎子どもの死の認識調査

さて、子どもの死の認識の調査です。先ほども申し上げましたが、この調査でも10名ほどのゼミ生の皆さんと、プロジェクトを組んで進めていきました。調査計画の土台を練って、形を作ってくれたのも元ゼミ生の大学院生たちですし、実際に調査を実行しているのも、学部や大学院のゼミ生の皆さんです。

私の仕事は、研究費を用意することと、全体の進行指揮をして、内外の調整や統括をすることです。たとえて言えば、映画づくりのプロデューサー、スタジオジブリの鈴木敏夫氏のような役回りでしょうか。でも、まあ、少しは宮崎駿監督のような仕事もしていると思いたいところですが…。

これまで、３つの中学校で調査を済ませました。これらの調査について説明を始めたばかりなので、話をそこに戻すことにしましょう。ちなみに、この調査結果は、冒頭で述べた日本学校メンタルヘルス学会で発表いたしました。

次ページの表に示したのは、関西のある中学校（仮にA中学校としておきます）の1年生と2年生から得られたデータです。

ここで「最下位ラベル」とあるのが、トータルで３０１個出てきた、生徒たち皆さんの生の言葉です。調査研究の世界では、これをロー・データ（raw data）と言います。言葉通り、生のデータです。

●表　関西Ａ中学校・・・「死について思い浮かぶこと」

表　関西Ａ中学校…「死について思い浮かぶこと」

最下位ラベル	割合（％）
動かない・時間が止まる　ほか	1.7
誰にでもくること・宿命　ほか	2.3
いっぱい泣いても戻ってこない　ほか	1.3
天国・地獄・お花畑　ほか	4.9
死んだ人に会える・楽しいところ　ほか	2.3
死神・閻魔大王・悪霊　ほか	7.3
怖い・悲しい・泣く・吹っ切れる・希望　ほか	4.7
終わりと始まり・死んだら何もない・新しい命の始まり　ほか	9.3
身近に来ないと考えない・自殺とか結局は自分勝手なだけ　ほか	2.3
安らかに死にたい・今は死にたくない　ほか	3.3
黒・白・暗黒・真っ黒　ほか	2
戦争・自殺・殺人・餓死・死刑　ほか	27.9
腐る・燃やされる・冷たい・かたくなる　ほか	4.7
骨・亡くなった人の写真・ミイラ　ほか	1.7
お葬式・お墓参り・お寺・木魚・四十九日・お盆・菊　ほか	13.2
お年寄り・警察　ほか	1.7
間引き・姥捨て山・百万回生きたねこ・ニュース　ほか	4.7
安楽死・いじめ・虐待・リストカット　ほか	1.7
呪い・わら人形で祟る　ほか	2.3
不老不死・永遠	0.7
全ラベル数=301	100

そして、まずこのロー・データを整理して、その数量の分布や偏りの具合など、全容を見るために表やグラフを作ります。右の表もその一例ですが、分析の第一段階の、こうした一連の作業やその結果を〝単純集計〟とか〝記述統計〟と呼びます。

◎進むべき方向

もちろん、この記述統計だけでも、さまざまなことが分かります。

一番上の3行をみると、「動かない・時間が止まる　ほか」という不動性、「誰にでもくること・宿命　ほか」という不可避性、「いっぱい泣いても戻ってこない　ほか」という不可逆性など、いわゆる死の概念の3要素が出てきています。

ただ、意外にその数は、全体のラベル数からすると、1・7%、2・3%、1・3%と、少ないことが分かります。

今回のブレインストーミングでは、「死について思い浮かぶことはなんですか」という問いかけに対して答える形で展開されました。

こうした、いわば漠然とした問いかけでなく「死んだらどうなりますか」とか「死ぬということはどういうことですか」といった形で限定的に問うならば、おそらく死の概念の3要素について、集中的に回答が引き出されたのではないかと思います。このことは、先行研究でも示されていることでした。ただ、逆に言えば、漠然とした問いかけであっても、必ず死の概念の3要素は出てくるのです。それは、ほかの2校を含む今回の全調査結果でも確認できました。要するに、中学生の段階では、死の概念の3要素は把握されうるということなのです。

ここで「把握されうる」という表現をしたことには、意味があります。それは、今回の調査の対象は恣意的に選んだ少数の対象であって、無作為に選んだ多数の対象ではないということから来ています。そして、特定の少数のサンプルであっても、そうした回答が得られているということは、裏返せば「中学生段階では死の概念の3要素が全く把握されない」というテーゼが否定されることになるわけです。

では、単純集計から一歩進んで、本格的な分析に入っていくことにいたしましょう。

◎死の認識の調査

次ページの表1に示したものは、既にご紹介したものと同じ関西A中学校のデータのうち、死の三つの要素の部分の詳細です。

一番右の列にある最下位ラベルに示されているのが、生徒の発言による生の言葉（ロー・データ）です。それらのうち、関連すると思われるものをいくつか集めて、下位ラベルを作成しました。関連すると思われるものを集めることも、その集めたラベル群に名付けをして下位ラベルを作るのも、研究者の主観的な発想によります。

ただ、この部分については、先に申し上げたように、先行研究で明らかになっている死の三つの要素と同名になりました。そして、当然のことながら、上位ラベルは「死の要素」となりました。

表2では、まず「天国」や「地獄」などのラベルから「死後感」という下位ラベルが作られました。この下位ラベルは、ほかに「信仰などの影響」とか「言い伝え」でも良いと思いますが、私たちはここでは「死後感」としました。

次に「死んだ人に会える」や「楽しいところ」などのラベルを集めて、それらに「死後の生」という下位ラベルを作りました。ほかの中学校では、「転生」や「生まれ変わ

●表1　死の要素（関西A中学校）

上位ラベル	下位ラベル	最下位ラベル
死の要素	不動性	動かない
		時間が止まる
		他
	不可避性	誰にでも来ること
		宿命
		他
	不可逆性	いっぱい泣いても戻ってこない
		いなくなる
		他

●表2　死の物語性（関西A中学校）

上位ラベル	下位ラベル	最下位ラベル
死の物語性	死後感	天国
		地獄
		お花畑
		他
	死後の生	死んだ人に会える
		楽しいところ
		他
	死に関する言い伝え	死神
		閻魔大王
		悪霊
		他

る」などが出てきたので「死後の世界」としましたが、関西A中学校では単に「死後の生」が適当と判断しました。

もう一つの群は「死神」「閻魔大王」「悪霊」などのラベルによるもので、そこには「死に関する言い伝え」という下位ラベルを作りました。

こうして、三つの下位ラベルを見てみると、それらには非科学的な思いであったり、想像や荒唐無稽ともいえる発想が含まれています。しかし、それらは子どもの他愛のない発想だと一概に否定しきれるものではなく、その背景には、古くからの私たちの文化や伝統あるいは信仰などが、厳然として横たわっていることが読み取れます。

そこで「死後感」「死後の生」「死に関する言い伝え」を合わせた上位ラベルとして、「死の物語性」と名付けることにしたのです。

◎物語というもの

これまでの私たちの調査によれば、死の不可逆性については、俗に言われているほど心配する必要はなさそうです。つまり、メディア等で時折取り上げられるように、小学校高学年や中学生になっても「死んでも生き返る」と考える子どもが数十パーセントいる、などということはありません。

単に「死んでも生き返ると思いますか？」と尋ねると、たしかに私たちの調査でも二桁の数字で「はい」という回答がありました。ただ、そこに一言付け加え、「生まれ変わりではなく、死んでも生き返ると思いますか？」とすることで、その数字は一桁のごく小さな数になってしまいます。つまり、世間で言われるような「死の不可逆性を理解していない子ども」の回答には、表2で示した「死んだ人に会える」「生まれ変わり」などの「物語性」が含まれていると考えられるのです。

このことを示唆する解釈として、先行研究では、小学校高学年の子どもには、哲学的・文学的な考え方が芽生えることの影響がある、などと解釈されてきました。これまで、メディア等で報道され話題となった調査では、こうした「物語性」の部分を峻別できないので「死んでも生き返ると思っている子ども」の数が、見かけ上多くなっていたのだと考えられるのです。

私たちは、一見すると科学的認識とは異なる、こうした子どもたちの思いを、あらためて明確に「死の物語性」として、概念化したいと考えています。そうすることで、死の不可避性の理解と死の物語性が、矛盾なく併存していることが理解できると考えられるからです。

ニワトリが先かタマゴが先か

◎クルマが先か、飛行機が先か？

小学生の頃、奥秩父の標高900メートルほどもある山の中で暮らしていた私にとって、年に一度町からやってくる文房具屋さん一行による、模型飛行機のデモ飛行は衝撃でした。エンジン付きの飛行機が、操縦する人のまわりを、爆音を響かせながら目の回るような勢いで飛行します。燃料の焼けるにおいと、エンジン音に魅せられて、小学生の私は模型飛行機の世界にのめり込んでいきました。古い記憶を辿ってみると、私にとっては飛行機が先で、それから後にクルマにも興味関心が移っていったのですね。そして50年以上たった今では、すっかりクルマ好きのセンセイになってしまいました。

●クルマと飛行機

私の手元には『クルマが先か？ ヒコーキが先か？』（岡部いさく著・二玄社刊、2002）という本があります。2011年の夏、広島、岡山、愛知に至る三連泊講演旅行の際に、岡山の書店で購入しました。世界の自動車メーカーと航空機メーカーの歴史をひもときながら、名車・名機の系譜を追いかけたもので—ヒコウ少年だった私にとっては—どのページも垂涎《すいぜん》ものです。

飛行機づくりから始まったメーカーとして、世界的に知られているスウェーデンの「サーブ社」の物語からはじまり、クルマで成功したのちに飛行機製造に手をのばしたアメリカの「フォード」や、イタリアの「フィアット」といった会社が紹介されています。日本では、ヒコウ少年には常識であるスバルの「富士重工」が、戦中には中島飛行機という会社として、あの名戦闘機「隼」をつくっていたことなどがイラスト入りで載っているのです。もちろん今では、ランサー・エボリューション（ランエボ）などでおなじみの「三菱重工」が戦中につくった『ゼロ戦』についても、詳細に解説されています。

飛行機が先かクルマが先かという問いは、その一方が正しいとか間違っているとか、どちらが良かったか否か、といった結論を導くための議論ではありません。双方の流れが、歴史上に確かに存在していたこと、その背景に内燃機関（エンジン）の発明という大きな事実があったということが示されるのみです。

◎ニワトリが先？

〝ニワトリが先かタマゴが先か〟とは、古くて新しい話のネタです。ニワトリがいてこそタマゴが生まれるわけですが、そのニワトリはどこからどのようにして生まれたのかと言えば、タマゴからに決まっているわけです。どちらが先でも論理的には成り立つし、ただどちらが先でも論理的に否定できます。要するに、意味のない時間つぶしの議論、水掛け論というやつですね。

ところが、どういうわけか、人間の世界に、同じような議論を当てはめようとすることが、しばしば見られます。親が先か子どもが先か、という議論です。親が悪くて、つまり親の養育態度に問題があって、その結果として子どもが手のつけられない存在になってしまったのだという「母原病」のような主張もありました。

しかし一方で、子どもがもともと先天的に扱いにくい子どもとして生まれたので、親がうまくかかわれず、そのことによって焦ってかかわるために、ますます子どもの扱いにくさを助長してしまうという説明もあります。

先生と児童生徒の間でも、同様の議論が起こります。先生のかかわり方が悪いので、児童生徒が反発して言うことを聞かない。反発するから教師は怒る。怒られた子どもはますます反抗する。あるいは、子どもたちの態度が悪いので、教師は厳しく指導する。厳しい指導に子どもは反発する。反発されると教師の指導はますます厳しくなる…。

大学でも同じような議論がしばしば起こります。教師は、最近の学生は学力も低いし幼稚だと言います。学生は、教師の教え方が不親切で、十年一日のごとき退屈な講義はご免だと否定します。

いろいろと思いつくままに挙げてきましたが、これらはいずれも因果論によって議論を進めようとしているところに共通性があります。

要するに、物事の関係を原因と結果によって解釈しようという態度です。親の養育態度が原因で子どもの育ちが悪いという結果が生じる、という因果論的解釈です。

少し砂糖を入れれば、少し甘い水ができるし、たくさん入れれば、とても甘い水ができる。電圧を上げれば電燈は明るくなるし、電圧を下げれば暗くなる…こうした物理的な事象については、因果論は極めて明快です。単純な数式で、その原因と結果の関係を示すこともできますし、原因のレベルによって結果の程度を推論することも可能です。

しかし、人間関係となると事態は一変します。因果関係を証明することは、極めて困難です。事象に関連する要因が、ほとんど無限といえるほど膨大な数に及び、すべてを統制することは不可能だからです。ただ、そうは言っても、心理学や社会学の世界でも、因果関係を結論付ける研究は存在します。

◎自尊感情が先？

私の研究室では、自尊感情の研究を進めています。既に本書でも何度も申し上げていますが、自尊感情を基本的自尊感情（ＢＡＳＥ：Basic Self Esteem）と、社会的自尊感情（ＳＯＳＥ：Social Self Esteem）の二つの領域からなる感情として考えています。これらのうちＳＯＳＥは、他者との比較で優れていると思えたり、競争で勝ったりすると高まる感情であるとしています。つまり、他者より優れていたり競争で勝利することが原因で、その結果としてＳＯＳＥは高まると考えています。

でも本当にそうでしょうか。

実は、私たちの研究では、そのことは明らかになっていません。研究で明らかになっているのは〝SOSEと他者への優越には相関がある〟ということだけです。相関があることはデータとして出ていますが、そこにおいて因果関係は示されていないのです。

つまり、「SOSEがもともと高い子どもは他者への優越を感じている」ということなのか、「他者への優越を感じている子どもはSOSEが高くなる」のかは、分かっていないのです。前者では、SOSEが原因で他者への優越が結果という因果関係を示していま す。後者では、その逆に他者への優越が原因でSOSEが結果だという因果関係を示しているわけです。どちらが本当か…どちらも成り立ち得ると思われます。研究データとしては、その因果関係は明らかになっていませんが、経験的に、おそらく他者への優越の感情が原因でSOSEが結果として高まるのだろう、と推測しているにすぎません。

SOSEについては、比較的同意が得られやすいと思いますが、BASEについてはさらに強引な推測になっているように思われます。BASEが高い子どもは―他者への信頼感があって気持ちも安定しているので―他者と共有体験をしやすい傾向にあるというように考えることができます。逆に、他者との共有体験を、たくさん経験することによってBASEが育まれ、安定した自尊感情を形成しているのだとも考えられるのです。

しかし、どちらか実は分かっていないのです。研究データが示しているのは、共有体験とBASEには相関関係がある、という事実だけです。ただ、ここでも、経験的に―私の場合はカウンセラーとしての経験から―共有体験を積むとBASEが高まるという実感を持っています。そしてそのことが、多くの小・中・高等学校の先生方に受け入れられている理由なのかもしれません。

◎科学と経験

人間を対象とした心理学や教育学の分野では、因果関係はそう簡単に確定できるものではありません。とりわけ、いわゆる科学的な手法で明らかにすることは、ほとんど不可能に近いのではないかと私は考えています。

もちろん、大きな集団を追跡調査していく縦断研究によって、二つの要素の変化の仕方をみて因果を推測するという方法もあります。しかしながら、私自身そうした方法は分かっていても、現実にはそうした研究を実行することができないまま、10年、20年と時が過ぎてしまいました。

現実問題としては、結局のところ、子どもたちと直接かかわる心理臨床家や教育者の経験知こそが、大きな意味を持ってくるのではないかと思います。つまり、単純化して言えば、まず相関関係を「科学的な方法」で確認し、しかる後に因果関係を「経験知」によって解釈するという組み合わせが、実際的な研究方法ではないかと思います。

さて、読者のみなさんは、どのようにお考えでしょうか…。

あとがき

「なんでこんなに苦しいの？」

もう30年近く前のことです。ある時、一緒に働いていたカウンセラーの女性が、慌てた様子で私を呼びに来ました。急いで駆け付けた時に耳にしたのがこの言葉です。一人の少女が、体を折り曲げ、うめき声をあげて苦しみながら、絞り出すように口にしたのです。

どう答えたらよいのでしょう…。その時の私には、まったく分かりませんでした。彼女がなぜ苦しいのか、どのくらい苦しいのか、それが実感としてつかめなかったのです。駆け付けてはみたものの、私にはできることが何もないように思えました。

すると、戸惑い呆然としている私に、少女はあえぎあえぎ泳ぐように私の手をつかもうと両の手を伸ばしながら、重ねて尋ねたのです。「どうして、こんなに苦しいの？」私は思わず彼女の手を取り、言いました。「生きているからだよ」。とっさに私の口から出た言葉です。実際、彼女の手を取った瞬間に体温を感じましたし、弱弱しいけれど確かな力が受け取れた気がしたからです。

「生きている？」「そう、君は生きているよ」

「生きているから？」「そう、だからだよ」
「生きているから苦しいの？」「そうさ」

それから、彼女とカウンセラーと私との３人で、手をつなぎ輪になって「生きているから苦しいんだ、生きているから苦しいんだ」と、夢中で踊りました。汗をかきながら、呪文のような言葉を繰り返し、私たちは踊り続けました。なぜあんなことを言ったのだろう、そして、あの３人での踊りにどんな意味があったのだろうと、今でも私は考えます。しかし、一つだけはっきりとしていることがあります。それは、30年近くたった今もまだ、私はそのことを忘れていないということです。同じように、あの時一緒に踊ったカウンセラーもあの少女も、きっとあの時のことを忘れてはいないと思うのです。

この本には、意味があるのかどうかも分からないような、日常のありふれたできごとばかりを書き連ねたような気がします。でも、この本を手に取ってくださったあなたは、30年前の少女と同じように、私の書いた文章を通して、しばしの時間を私と一緒に踊ってくださったのではないでしょうか。

一緒に踊ったこと、同じように汗をかいたこと、たいした意味がないような時間を共有したこと…それが生きるということだし、それこそが何よりも大切なことなのだ、と私は思っています。

２０１６年５月　　近藤　卓

著者紹介

近藤　卓（こんどう・たく）

山陽学園大学 教授

1948年生まれ。東京大学大学院教育学研究科博士課程単位取得満期退学。専門は、健康教育学、臨床心理学。現在、山陽学園大学総合人間学部教授。臨床心理士、学術博士。主な著書に『いのちを学ぶ・いのちを教える』（大修館書店）『いのちの教育　はじめる･深める授業のてびき』（実業之日本社）『いのちの教育の理論と実践』（金子書房）『自尊感情と共有体験の心理学』（金子書房）『死んだ金魚をトイレに流すな』（集英社新書）『乳幼児期から育む自尊感情』（エイデル研究所）ほか多数。

※本書は、月刊誌『健』（株式会社日本学校保健研修社発行）に連載中の「子どもの自尊感情と共有体験 -『海外』の教育と研究の現場から」2008年2月号～2011年12月号掲載分をもとに、加筆・改稿したものです。

子どものこころのセーフティネット
― 二つの自尊感情と共有体験 ―

2016年7月15日 初版第1刷発行
著　者　近藤　卓
発行者　松本　恒
発行所　株式会社 少年写真新聞社
〒102-8232　東京都千代田区九段南4-7-16
市ヶ谷KTビルI
Tel（03）3264-2624　Fax（03）5276-7785
URL　http://www.schoolpress.co.jp
印刷所　株式会社 平河工業社

ISBN978-4-87981-573-6　C0037
NDC371

編集・DTP：あのにむ舎　本文デザイン：片山 明　イラスト：近藤 伸子　校正：石井 理抄子・古川妹　編集長：野本 雅央